做自己的英雄

路跑民族誌

三部曲

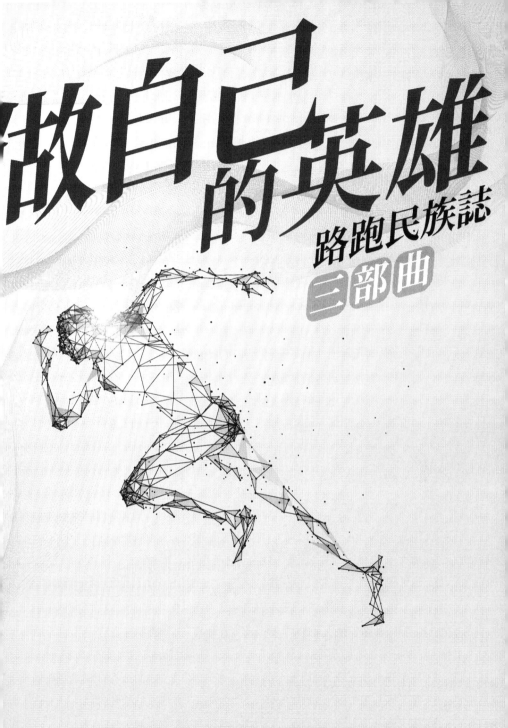

目錄

第二部曲

第三部曲

徐序

　　路跑活動在台灣歷經了一、二十年的發展，已經形成一種文化。風靡台灣的路跑文化，不只是一種運動賽會，它是一種嘉年華會，也是一種專案行銷，它可以同時接受各年齡層一起參與，也接受各種等級運動員同場競技。全台灣一年可以舉辦七、八百場的路跑活動，說路跑文化在台灣已經形成一種文化，並不爲過。

　　從路跑參與者的動機來看，有些爲了爭取高額之獎金，有些爲了打破大會紀錄，有些爲了突破個人排名，有些爲了自我挑戰紀錄，有些只是爲了能夠完賽，爲健康而跑，養成了一種習慣，有些人因而上了癮，有些甚至只爲了參加而參加。本書的作者之所以參與路跑，一開始是爲了做研究，爲了研究一位路跑者而涉入現場，因爲涉入現場而愛上了路跑，並將自己當作被研究的對象。

　　就作者在路跑圈的競技表現而言，只是一位一般愛好路跑的普通運動員，沒有拿過任何獎項的參與者。但是他對這種路跑文化，很好奇地想要探索何以路跑可以吸引社會各階層人士的參與，並形成一種興趣。

　　透過作者親身的體驗與實踐，涉入田野現場觀察，採用學術的理論與方法敘說，精細的描繪路跑的文化面貌，也深層的解讀路跑的身體經驗。深信本書可以提供研究運動人類

徐序

學領域之學者，在學術探索上的一條參考思路。同時，本書也可以和一般愛好路跑者產生共鳴，形成路跑之共同語言，或者引發其尚未發掘的路跑經驗。對好奇的路跑活動旁觀者而言，可以引發其參與路跑的動機，讓自己也能成為路跑活動的常客。

徐元民

序於 2022 年 1 月

自序

　　書寫與研究是一種興趣，跑步是一種習慣。在興趣與習慣之間，二者若能結合，反而更能激發出雙方更大的力量。

　　第一部曲 2013-2015 年。主要探討的是跑團的成立過程與跑友之間的互動，最後經由筆者互為內力與外力的交融及支撐，完成本篇研究。

　　第二部曲 2013-2017 年。這篇民族誌，透過筆者的每一場路跑田野日誌所書寫出的路跑民族誌；一步一腳印的阿甘精神，完成此篇研究，歸納出此時期路跑的五大現象。

　　第三部曲 2017-2021 年。即是在上述文章發表後所獲得的動力，繼續書寫，持續跑步。挑戰的層次愈高，書寫的想像空間與體會反而更加深入。自我民族誌就此誕生。

　　再者，又因 Covid-19 疫情肆虐的因素，對人類的生活與精神上產生了巨大的影響，在希望歲月靜好的此時此刻，整理出這三篇民族誌，完成心中出書的一個小小的夢想。讀者們可以從筆者自傳式、感性、詩意、甚至心靈的角度理解這項運動。

　　行動的目的是創造故事。雖然筆者是體育運動史學的研究者，但是卻先出版這本屬於運動人類學領域的專書。其實，這是筆者博士畢業後的另外一項努力深耕的領域。純粹是一種學術與實務的實踐。

其實，從另一個角度觀之，筆者也在記錄體育運動的歷史，記錄當下的路跑與馬拉松運動的歷史。凡走過必留下痕跡，或許百年之後，閱讀本書的人，能有各種共鳴或是驚奇，這也是筆者另一項的學術想像。

學術上，複雜的身體感，常隨著路跑的中間的過程，不停的變化，細心的體察，身體感知會讓您有所深刻的體悟。諸如：計畫的身體、亂跑的身體、渴望的身體、對話的身體、愛比的身體、疼痛的身體、友誼的身體、挑戰的身體、轉化訓練的身體、詩意的身體、意志力的身體、自我超越的身體……等等。這些馬拉松的複雜身體感，包括了心靈的、物質的、社會的、文化的脈絡，而且並非完全單獨的出現，這些觀點也可提供有興趣的學術愛好者繼續深究下去。

最後，實踐上，本書的出版，更希望能鼓勵一些平民跑者，勇於踏出自己的第一步，循序漸進，養成運動習慣，自己跟自己比較，做自己的英雄，深信有一天必定能挑戰全馬，那麼這本書的出版就更具意義與價值了。

文多斌 謹識
2022 年 1 月

第一部曲

Happy Run：一項運動人類學的研究

Happy Run：一項運動人類學的研究

摘要

做為一具有權力、文化以及民族誌手藝的研究者，民族誌學者的角色一直是需要投入更多知覺意識在努力的成果上。詮釋人類學在文化的製作上一直聚焦在民族誌學者的手藝上。如果生命的存在是具有形式與空間性的，那麼身體就是人在空間中暫時的介質。身體，就如同自然的形式，變化萬千，不可勝數。因此，本研究透過參與觀察與訪談解析一位邊緣性人格疾患路跑者身體與心靈的社會發展過程。此外，並嘗試分析她如何創立亂跑團體系的經過與發展。最後，透過筆者參與路跑的自我敘說，回應本研究的意義與價值。研究發現，路跑對個案具有積極正向的作用；但無法擺脫疾病所帶來的苦難；但其所創設的亂跑團，卻為團員創造了一項支持的體系，提供指引、鼓勵與自我超越的目標。路跑的實踐上，身體的多元性、多樣性與多變性，筆者沉浸其中。

關鍵詞：路跑、邊緣性人格疾患、亂跑團

Happy Run：A Study in Anthropology of Sport

Abstract

The role of the ethnographer as an authority, a cultural travel, and above all the writer as creator of ethnography, has been placed on more conscious footing as a result of these efforts. Interpretive anthropology has focus on ethnographer's craft in making cultures. If the live has existed as the form and space of the concept, body just is the mediation. Body is invaluable as in nature in the form of ever-changing. Thus, the purpose of this study is using participant observation and interview to explore a Borderline Personality Disorder runner's body and mind during the process of her social development. Besides, the study tries to analyze how the processes and development of she set up Happy Run Club system. Finally, through author's self -narrative that participates running experiences to find the meaning and value of this study. The results show that running could deeply bring her most positive attitudes, but she can't get rid of the suffering caused of the diseases from now on. The Happy Run Club that he set up create a support system to guide, encourage, and beyond selves. In running practice, the author is bathing in diversification, variety and changeable body.

Keywords: running, Borderline Personality Disorder, Happy Run Club

壹、緒論

一、研究的緣起

2011 年日出國小（化名）因法令規定必須晉用身心障礙人士一名，由桃園縣政府統一作業，派遣一名女性身心障礙工作者，由學校做最後的面試複審工作。

當第一眼看到黑美人（化名）時，筆者心中暗自忖度，這哪有甚麼身心障礙，看起來挺正常的。接著，日出國小的校長與主任們進行交叉詢問。在第一步的履歷表檢視過程中，發現黑美人患有憂鬱症，並且長期服藥，以便控制病情。但因服藥過程中會影響工作，因而早上做事容易恍神。在前一個工作中，由於路程較遠，需要提早起床騎乘機車上班，但由於前夜的服藥，造成黑美人發生交通意外，不得不辭去工作。因為，學校離家近，因此可以試試看。黑美人談吐與舉止皆很正常，第一印象筆者認為應可勝任文書、打掃與接電話的業務。但校長認為，學校比較不適宜有這種精神方面疾病的人出現，以免影響小朋友的安全，於是有點猶豫不決。為了更加小心，於是打電話給前一個工作的業者，業者表示，黑美人工作非常認真，工作能力佳，並沒有特別的問題。於是經過甄選小組的討論，就試用看看。[1]若狀況不佳

---

[1] 縣府的這項案子是以半年為一期，是屬臨時雇員的一種。

立即停止聘用。幸運的是一切順利，工作能力也備受肯定。之後陸續於 2011 年 5 月到 2011 年 11 月，2011 年 12 月到 2012 年 6 月陸續服務。

2013 年 5 月又有一個機會到日出國小服務，此時的她已開始接觸路跑活動約有半年的時間。

> 我是 2012 年 11 月開始參加路跑及馬拉松 （太魯閣馬拉松，半馬，21k） 完全是因為原本 11 月 4 日我生日時，我朋友約好要幫我慶生，但他跟我說他無法幫我慶生了，因為當天他人在太魯閣跑馬拉松，我當下就說，我也要去，他說真的？我說真的！他說他跑全馬 42K，我可以跑半馬 21K，跑不完可以用走的，四小時內完賽就可以，我就決定要參加了。 （訪談 102072202）

會注意到黑美人是因為發現她在休息時間一直在關注路跑的活動賽事，並且聯絡住宿交通等事宜，偶爾與我們分享跑步的喜悅與種種趣事，並且也吸引同仁一同參加路跑活動。[2]於是筆者很好奇，她怎麼變得那麼有活力，於是埋下了本研究的第一個小小的種子。

由於 Facebook 社群網站的發達，筆者的碩士班同學柱子，不斷的分享了他挑戰的各賽事照片與心得，使筆者愈來

---

[2] 同事中有二位家庭一同報名，當天只有一個家庭四人參加在新北市政府市民廣場所舉辦的 2013.6.02 NuSkin 奧林匹克馬拉松路跑活動，並且號稱有萬人參加。

愈好奇，路跑這項運動風氣竟然已經興盛到如此的地步。其次，他在與同學的對談中分享多年的心得就是：「體力維持得不錯，精神變好，生病機率降低，朋友變多，專注力變好。」因為這樣的緣故，使得他在工作中又有活力，又能面對更高的挑戰。

台灣這幾年來路跑運動相當的盛行，筆者也感染其中。在眾多媒體中也開始爭相報導。在您的生活周遭，也有人開始與您談論路跑的種種。開車在路上，您會發現有人在大馬路邊就是跑著跑著，有別於一般的學校操場與田徑場。路跑曾幾何時變成了全民運動。依照這種脈絡，台灣人的幸福指數，真的是愈來高。

二、研究方法的理路

基於上述機緣，筆者產生了一個聯結畫面，黑美人的開朗與熱情，是不是因為參加了路跑以後有很大的轉變？是不是和筆者的同學一樣有同樣的想法？對於其憂鬱症的病情是否能有所助益？於是經過她的同意，筆者擬定以運動人類學的研究進路，深度訪談與參與觀察黑美人的運動與生活型態，研究期程至少一年以上。其次，在研究個案的過程中，進入了另一項田野，實際進入「亂跑團」發展的過程，並實際參與路跑賽事，體驗馬拉松選手的心靈對話與身體意志的磨練，反思自我、述說自我。透過這一年多來的研究，三者

相互交叉，自己感覺好像又活過了一次。因此，最後筆者再透過詮釋的方法來完成本項研究的書寫工作。

　　當然，為了本項研究，深度訪談是研究方法的必要途徑之一，而深度訪談主要是深入受訪者的內心深處，就像抽絲剝繭的方式，一層一層的向內探索，探索出受訪者的真正感受。因此，在發問與傾聽的過程中，分寸的拿捏，就在筆者的經驗範圍之中。舉例來說，傾聽敘說者的技巧：若要敘說者說出她自己的故事，在於訪問時的第一個問題要非常的開放。並且依照敘說者的經驗與詮釋，指引訪問者。例如：在憂鬱症的研究中問到：「您能告訴我，在您自己的心裡，甚麼導致您的憂鬱經驗？」其次，若她不想回答訪問者的問題，那麼她想要回答什麼呢？復次，要能傾聽到敘說者對於原因或事件的感受。再者，她如何瞭解在她身上發生什麼事？她所認為這事件的意義以及如何評價。最後什麼是遺漏的或忽略的。[3] 此外，也要傾聽我們自己內在的聲音，包括：勿打斷敘說者並引導她我們所關心的事情，相信我們自己的直覺、感受以及經由傾聽他者所引起的反應。注意到我們自己困惑的部分與我們個人不舒服的感受。[4] 特別要提醒的是，受訪者回答問題的答案，其所代表的真義與背後的意涵、衝擊與影響、未來發展及解決之道等，才是答案的焦點。人類

---

[3] Kathryn Anderson and Dana C. Jack, "Learning to Listen: Interview Techniques and Analyses," *Women's Words: The Feminist Practice of Oral History,* ed. S.B. Gluck and D. Patai(New York: Routledge,1991), 24.

[4] Kathryn Anderson and Dana C. Jack, "Learning to Listen: Interview Techniques and Analyses," 24.

學家在追尋原始社會的文化結構時，必須說明文化的意義與特質；精神醫生檢討病人的人格結構時，通常要求病人強烈的表達他的情感、焦慮、喜好或曾經有過的挫折等等，一步步往深處追尋。[5]筆者希冀所得的結果，能更深入的描述研究項目的本質。若要達到上述目的，技巧的運用則相當重要。

另一項重要的研究方法，參與觀察方面，筆者除了觀察其工作與生活型態模式外，經由社群團員的同意，Facebook社群團員的互動與留言也納入其中，追隨時代的潮流，研究方式也應更加多元化，最重要的是能獲取寶貴的資料。最後，筆者親自加入路跑現場的觀察，這是必定也是必須走的研究道路。運動人類學畢竟是文化覺知的定義問題，人類的行為根源於文化的理解，因此，運動主要就是文化的產物，必須以此理解。[6]唯有親身體驗與親自參與，才能理解箇中之奧妙。詮釋起來才能打動人心與抓住精髓。

筆者想要再進一步說明的是，人類學研究方法資料蒐集的核心其實就是資料的蒐集，其意義就是田野工作，包括田野考察與訪問。[7]然而，在具體的研究實踐當中，不少人類學

---

[5] 文崇一，＜調查訪問法＞，《社會及行為科學研究法（下冊）》，楊國樞等編（臺北：臺灣東華，1997），559-560。

[6] F. S. Frederickson, "Sports in the cultures of man," *In Science and medicine in exercise and sports*, ed W.R. Johnson (New York: Harper and Row,1960), 636.

[7] Kendall Blanchard, "Anthropology of Sport: Theory and Method," *The Anthropology of Sport: An Introduction* (Connecticut: Bergin & Garvey,1995), 75.文中也提到古典參與觀察型式是一個理想，但並非是人類學研究必要的一部分。因為牽扯到許多時間問題，資源和適當的途徑去完成傳統參與觀察的目的。

家已採用多地點式的田野工作，對於發生許多相互不連續的不同空間事物進行調查，或將歷史檔案做為田野來研究，或對流動過程中的同一群人展開研究。也許讀者會問，哪裡才是田野呢？「人文世界，無處不是田野。」[8]意思就是說，人類學傳統的田野地點，已不是一個空間或地理上的概念，不再是一個地點（Site）而已，是一種方位（Location）既有的空間維度，也是時間和歷史的維度；也就是以多種方式綜合性地去瞭解不同地點、不同群體和不同困境的整體知識捷徑。[9]這種論點，在當今有可能成為一種體系。[10]因為，多點田野（Multi-Sited）是必然的趨勢。這種的論述與觀點，剛好能配合筆者的多地點式的田野工作，所謂的馬場（路跑的場地），分布在各地，筆者必須追隨著研究場域，找到最適當的時間與地點進行研究與觀察。

最後，透過人類學理論中詮釋的模式覺知（perspective）進行瞭解事件與行為的因果關係。這種模式可以在文化與社會結構中，導引出重要的見解，對於未來的研究提出重要的問題以及價值的問題，特別是在運動文化的

---

8 費孝通，〈繼往開來，發展中國人類學〉，《人類學本土化在中國》，榮仕星、徐傑舜主編（廣西：廣西人民出版社，1998），12-14。

9 古塔（Akhil Gupta）、弗格森（James Fergusun），《人類學定位：田野科學的界限與基礎（Anthropological Location）》（駱建建等譯）（華夏出版社，2005），45。

10 George E. Marcus, "Ethnography in/of the World System: The Emergence of Multi-Sited Ethnography," *Ethnography Through Thick and Thin* (Princeton: Princeton Univ. Press,1998), 82.

研究中。[11]更進一步說，就是在人、事、隱喻、故事、生活，與衝突之間，進行著多點田野人類學的研究的建構。[12]這也是筆者所終切期盼的成果。

值得再提的是，在本研究過程中，一切的發生是相當自然又愉悅的，一開始透過黑美人與亂跑團的互動，我進入了亂跑團的世界，成為亂跑團非常早期的一員，自己親自見證此團的發展與興革。更棒的是，自己也因為研究，開始成為了一個跑者。經由筆者的個案，又更深入了亂跑團團隊的研究；更有趣的是，筆者又成為實際的被研究者與體驗者，這種一層一層的研究，是筆者進行研究的一種插曲與意外，更衍生出第三部分，研究者的自我述說。因此，人物主角－團隊－自我敘說，成為本研究的三大焦點，呼應筆者的研究主題，關於路跑：一項運動人類學的研究。

---

[11] Kendall Blanchard, *The Anthropology of Sport: An Introduction*, 75-77.象徵人類學（Symbolic Anthropology），作者舉出幾位著名的人類學家包括：瑪麗·道格拉斯（Mary Douglas 1927-2007），英國人類學家，因其對於人類文化與象徵主義的作品而聞名於世。克利福德·格爾茨（Clifford Geertzs 1926-2006），美國文化人類學家，象徵人類學代表人物。維克多·特納（Victor Turner 1920-1983），英國文化人類學家，因他的象徵、儀式與通過儀式的研究作品而聞名。

[12] George E. Marcus, *Ethnography Through Thick and Thin*, 89-95.

貳、邊緣性人格的理解

　　「邊緣人格」這個詞彙創於 1930 年代，但判斷邊緣人格的條件，直到1970 年代才有清楚的定義。1980 年，邊緣性人格疾患正式被美國精神醫學學會納入《精神疾病診斷與統計手冊第三版》（*The Diagnostic and Statistical Manual,DSM-III*），第四版修訂版於 2000 年出版（*DSM-IV：Text Revision*）。[13]

　　黑美人領有殘障手冊，為中度慢性精神病患者，並領有重大傷病卡。醫生鑑定她為邊緣性人格疾患（Borderline Personality Disorder）。從黑美人的家庭背景訪談中，發現了筆者從未得知之事，非常震驚。因此思索著要如何呈現。黑美人 19 歲時開始發病，曾經自殺過。姪女也曾經在高中時發病，曾休學過一年，後經治療後考上了國立大學。於是，黑美人覺得一件很有可能的事，她們的病來自於遺傳。（田野日誌 102072301）

　　邊緣性人格疾患（Borderline Personality Disorder），他們是徹底的失所者，情感上無所依，現

---

13 傑洛・柯雷斯曼（Jerold J. Kreisman M.D.）、郝爾・史卓斯（Hal Straus），《愛你，想你，恨你：走進邊緣人格的世界（I hate you, don't leave me: understanding the borderline personality）》（邱約文譯）（臺北：心靈工坊，2011），7。

第一部曲　Happy Run：一項運動人類學的研究

實上無所據，惶惶終日，不知所止。他們的成長過程，沒有安全的家，往往破碎斷裂，創傷和失落歷歷在目。他們的成年，是狂亂的渴望追尋，但是，跌跌撞撞，卻始終學不會，也拿捏不住，如何穩定地維繫和重要他者的關係。挫折重複輪迴，生命沒有出口，也沒有方向。他們內在，情緒是強烈起伏紊亂的，空虛是揮之不去的，為了填補空虛的劇烈行為是以鴆止渴的。他們很容易傷害自己，因為那巨大的壓力，沒有別的平衡緩衝釋放的方法。[14]

黑美人述說著，有一次她媽媽發病時，氣得想要殺她，她的爸爸怎樣勸阻都無效，還將其父親摔在地上。她的哥哥與姊姊見狀，壓住她的媽媽，叫她趕快跑，不要待在家裡。她媽媽的力氣非常大，最後她媽媽的肋骨斷了兩根。（田野日誌 102072302）這種情形，聽了總是讓人鼻酸，成長過程中的創傷，令人心痛。

依據《精神疾病診斷與統計手冊第四版》診斷邊緣性人格疾患的標準：自成年期初期起，在不同的情況下，人際關係、自我形象和情緒呈現起伏不定的普遍模式，呈現明顯的

---

[14] 張凱理，〈給我在冥河的弟兄〉序二，收錄於保羅‧梅森（Paul T. Mason, M.S.）、蘭蒂‧克雷格（Randi Kreger）著，《親愛的陌生人：給邊緣人格親友的實用指南（Stop Walking on Eggshells: taking your life back when someone you care about has borderline personality disorder）》（韓良憶譯）（臺北：心靈工坊，2010），11。本篇序文作者為台北榮總精神部主治醫師。

衝動行為。下列情形中至少出現五種：

一、不論是真的遭到遺棄，還是純屬想像，為了避免被
　　拋棄，而出現非常態的行為。（自殺和自傷行為不
　　在此限）

二、人際關係呈現緊張且不穩定的模式，在過度理想化
　　和蔑視對方的兩極之間來回擺盪。

三、明顯且持續的自我認同困擾。

四、因為衝動而做出有害自己的行為，比方揮霍金錢、
　　濫交、嗑藥酗酒、順手牽羊、開車橫衝直撞、暴
　　食。（自殺和自傷行為不在此限）

五、一再出現自殺行為，揚言或以自殺要脅，或一再自
　　我傷害。

六、明顯的心情變化情緒不穩定，比如強烈陣發性的不
　　悅（episodic dyphoria），易怒或是持續數小時的
　　煩躁不安。不悅正好與欣快（euphoria）相反，混
　　合了憂鬱、焦慮、憤怒和絕望感。

七、長期感覺空虛。

八、不當的震怒，或無法控制怒氣，例如經常發脾氣，
　　老是怒不可遏，一再與人發生肢體衝突。

九、因壓力而短暫出現妄想或嚴重的解離症狀。[15]

---

[15] 保羅‧梅森（Paul T. Mason, M.S.）、蘭蒂‧克雷格（Randi Kreger）著，
《親愛的陌生人：給邊緣人格親友的實用指南（Stop Walking on
Eggshells: taking your life back when someone you care about has borderline

黑美人目前還有割腕的情形，她的理解是一種發作，看到血的一種渴望。這是一種她自己的方式，她自述是一種病態。另外一種是喝酒，但她平常並不喝，也不是酗酒，就是當有一個爆點的時候。有時候，晚上出去夜跑，那雖然是一種抒發，卻又與前述所說的不太相同，可能只是一種情緒的釋放需要出口，比如說、不想講或沒有人講，就是很悶，需要流汗。所以有時，她也很難釐清。病也許吃藥會好，人格卻是與生俱來，吃藥只能改善，不用想說可以完全改變你的人格。她就是處於黑與白兩個極端之間，毫無灰色地帶，一直處於邊緣。雖然，邊緣並不是不好，但是就會讓她沒有緩衝的空間，而過得辛苦（田野日誌102072303）

　　黑美人凌晨 PO 了一張約十六條線的自殘相片，「don't ask me, don't comment, don't message, thanks.」是她所表達的。每當黑美人發作時，吾等應看待的是她的一種抒發，這兩天天氣陰雨斷斷續續，的確讓人憂鬱。（田野日誌1021024）雖然路跑跑得很勤；但總是過不了那個關卡，一直循環，一直循環。

　　　今日黑美人凌晨約三點 PO 了一張割腕的相片約十三或十
　　　四條。這是我第二次看到她 PO 的相片，因為這是她的另
　　　一個較私人性的 FB 帳號。在 12 月 2 日經歷馬卡龍盃第
　　　一屆運動美女選拔賽榮獲第二名後，為什麼她的「憂鬱

---

personality disorder）》（韓良憶譯）（臺北：心靈工坊，2010），48-49。

汁」還會侵蝕她的心靈。是因為要更 High 還是 High 之後的寂寞。筆者不得而知。（田野日誌1021203）

此時筆者透過田野日誌的反省與文獻的交叉對話，才更瞭解到天生所賦予的一種特性與性格，是很難改變的。更突顯出邊緣性人格的苦。

今天黑美人告訴筆者，她接受《running 跑步生活》雜誌的專訪與拍照，這個雜誌是目前市面上唯一的跑步雜誌和前陣子的《麥可喬丹誕生五十週年紀念專刊》都是由基本工事發行的，封面設計的頗有質感，紙質不像一般的雜誌，且標題特別燙上金色的字。[16]誠品書店有上架，為黑美人感到高興，身為亂跑團一員也深感榮耀。（田野日誌 1021002）能夠受到雜誌的青睞的確是令人振奮的一件事。

由於在路跑中認識了一些跑友，黑美人團長受 BROOKS 廠商的重視。官方網站的 FACEBOOK 報導樂黑美人的訊息：「一位熱愛跑步，並號召跟她一樣愛跑的朋友聚集在一起，就開團成了有趣的「亂跑團」。團隊 還有個跟 BROOKS 相同的精神 "Run happy"！（就是不管怎樣都要開心的跑，跑的開心）而圖中笑容甜又健美跑者就是團長，最近的賽事（太魯閣半馬、草嶺越野賽、貓空路跑）都有參與！這位美麗的團長也將 BROOKS 穿搭的還蠻好的。」透過官方網站，更能將黑美人

---

[16] 本專訪刊登於：陳致嘉，〈開啟療癒馬拉松之門——CoCo〉《Running 跑步生活》，3（臺北，2013.11：102-103。筆者曾告訴黑美人說：「妳看，我很有遠光吧！我很早就開始研究妳了。」

的精神傳播下去。（田野日誌 1021107）筆者認為，這更能讓其有正向的態度與能量進行抗憂鬱的戰鬥。

　　這種情形仍不斷的發生。2013 年 12 月 21 日今天是 Sweets Run 甜蜜路跑（療癒系主題路跑）（大直橋下－迎風河濱公園）。團長與部分亂跑成員參加。此次，因團長的關係，有提供亂跑團一些公關名額。這活動是兩點才開始起跑；但今天非常的寒冷溼雨。在 FB 上的相片，大家都是開開心心的，沒想到，晚上九點左右，黑美人 PO 了一張割腕的相片，原先的傷口尚未復原呢？雨不停的下，血也不停的流。更明白的是黑美人，不明白的仍舊不明白。（田野日誌 1021221-1）也許就像傅科（Michel Foucault）所說：「憂鬱汁與大地和秋天相關，是一種『黏稠、陰冷、乾燥的』汁液。憂鬱症是『一種沒有高燒和狂亂但伴有恐懼和悲傷的瘋顛』。憂鬱症的世界是陰濕、滯重的。憂鬱症患者的頭腦完全沉溺於省思，因此他的想像力便處於無所事事的休息狀態。憂鬱症是自身的祕密邏輯，而非醫學理論。」[17]

　　剛好，今日在《商業週刊》看到了李光真撰寫的一篇文章〈王浩威走出憂鬱四部曲：一位精神科名醫最赤裸的告白〉。他夢見死去的父親後，開始書寫療癒。「理解，就是一種和解。」那個一見到父親緊繃的小孩，已經卸下武裝，放鬆下來。他寫道：「一切傷口都已結疤為美麗的圖騰，成為我

---

[17] 傅科（Michel Foucault）著，《瘋顛與文明（Madness and Civilization）》（劉北成等譯）（臺北：桂冠，2007），107-121。

自己力量的來源。」[18]透過告白與和解，王浩威找到消失的記憶拼圖，為自己的未來，拼出迥然不同的版本。（田野日誌1021221-2）筆者告訴黑美人，和解吧！她表示，很療癒。但是，畢竟我們不是她，只能在背後默默的陪伴。

更希望如傅科所舉之例：「透過一種有規律而又真切的運動，即順從現實世界運動規律的運動……單純的散步可使身體靈活強健；逐漸加速的跑步可使體液在全身均勻分布，還可使器官的負擔減少；穿著衣服跑步，能使肌體組織發熱和放鬆，並使僵硬的神經纖維變得靈活。」透過所謂的運動調節法（Regulation Movement）來戰勝「憂鬱汁」。[19]

---

[18] 李光真，〈王浩威走出憂鬱四部曲：一位精神科名醫最赤裸的告白〉，《商業周刊》，1273（臺北，2012.04.16-0422）：133。

[19] 傅科（Michel Foucault）著，《瘋顛與文明（Madness and Civilization）》（劉北成等譯）（臺北：桂冠，2007），151-152。傅科認為，如果瘋癲確是精神不正常的亢奮，神經纖維和思想的紊亂運動，那麼瘋癲也會使身心失調，體液阻滯，神經纖維僵直，思維和注意力固定在一個逐漸壓倒一切的觀念上。因此，需要恢復思想、精神、肉體和心靈的運動，從而使之具有生機。但是，這種運動必須受到節制。

參、運動野性的呼喚

村上春樹：「跑步這件事，應該是我過去的人生中後天學到的無數習慣中最有益，且意義重大的事情。」[20]跑步原本就是人與生俱來的天性，如何將這種天性化為對身體的助益，筆者以為，需要時機、感受與環境。

黑美人一開始接觸跑步是一個機緣，體驗之後，感受愉悅，於是新的自己出現。

> 以前跑 200 公尺就喘了，從來不認為我可以跟馬拉松可以扯上關係，但開始跑步之後，發現，我也是可以完成馬拉松這件事，原來我可以辦到的，像是認識新的自己一樣。（訪問 102072204）

以筆者自身的跑步經驗來說，國小與國中幾乎都是參加運動會的短跑或中距離居多。高一時第一次接觸到 1500 公尺的測驗，大學時老師帶著我們第一次跑山路，當兵時第一次跑過 5000 公尺，都是為了比賽與考試。我喜歡的是群體的球類活動。隨著年紀增長，跑步成為一項方便又快速流汗的運動，不用再擔心腳跟踩到敵手腳上扭到的那種痛的陰影。筆

---

[20] 村上春樹，《關於跑步，我說的其實是……》（賴明珠譯）（臺北：時報文化，2008），17。

者的潛能有多少，尚屬未知。黑美人在此緣分下，找到了一個亮點。

> 因本身有氣喘問題，所以我最痛苦的時候就是起跑的時候。很喘，要想辦法調整呼吸跟步伐，我可能要花三、四公里的時間才能調整好，有時調不過來就只能痛苦的跑著。在這當中，我心裡都會想說，我為什麼要來跑啊！我幹嘛呼吸得這麼痛苦啊！我下次跑三公里的就好了嘛，為什麼要跑21公里，我現在連五分之一的路程都不到，是要怎麼活啊！可是，當狀況調整好的時候，步伐輕快了，心情愉悅了，呼吸順暢，可以二吸一呼，或是二吸二呼，跟著步伐律動的時候，我就把剛剛的壞想法通通作廢了。（訪問 102073002）

對於剛開始路跑不久的黑美人來說，氣喘是一問題，但她與身體對話，努力調整呼吸，從抱怨、克服到愉悅，這一連串的過程，就是一種戰勝自己的表現。筆者有時候，膝蓋不舒服時，雙腳緊繃時，常想著偷懶不要跑，但身體意志告訴自己要跑，跑完後總是覺得自己當初的決定是對的。「痛是難免的，苦卻是甘願的。」[21]就是這個道理。

---

[21] 村上春樹，《關於跑步，我說的其實是……》，2-3。原文是「Pain is inevitable. Suffering is optional.」。

我上馬場通不會攜帶補給品或水在身上，所以渴了、餓了、都要靠補給站，有時候很渴，補給站還沒到，我就會很難受，有些選手為了求速度，拿了水就跑，或喝一口就丟杯了。而我，進水站是我來路跑最大的享受啊！因為腳步可以放慢了，停下來喝一杯、兩杯、三杯，然後有巧克力就吃，有香蕉就吞，再把相機拿出來玩一下自拍，休息一會再上路。接下來，就開始期待下一個水站了。（訪問 102073003）

基本的生理需求，黑美人的選擇是享受，跑步就是快樂，更有甚者，拍照留念，無比的放鬆做自己。筆者以為當生理層面的自己超越後，必定有後續我的存在。包括社會的我與情緒的我。

我想跟大家分享一下我跑步的心情。跑步不到一年，第一次路跑是 2012 年 11 月 3 日的太魯閣半馬。第二次是 2013 年 2 月的日月潭環湖 29k，再來是國道 21k、亞瑟士烏來 21k，苗栗快道 21k、奧林匹克 21k。這些比賽，都是自己報名，跟一、兩個朋友相約去參賽，或是帶著我女兒小魚一起去跑跑。其實，都是孤獨的。我喜歡夏天，所以六月開始每週都報名比賽，也漸漸的跟網路上認識的跑友開始在會場相認了。像泰哥、趴哥、暉哥、yoyo、施大夫婦等等……我就創了這個社團。把我自己所認識的跑友加進來，因為我發現很多人也都是孤獨的

跑者，孤獨的跑著，孤獨的跑完，孤獨的回家。雖然享受到跑步的愉悅，但好像少了一些共鳴。很開心的是，大家在這裡，創造出來的火花，比我想像中的還大，我愛大家。我是一個跑不快的團長，也是邁入中年的女人，沒有能力給大家很多的跑步該有的資訊；但希望能給大家很多的歡樂。（FB1030902 個案留言）

在因緣際會之下，為了擺脫孤獨，結合孤獨的跑者，黑美人創立了亂跑團，成為亂跑團的團長，在她的努力與熱心的號召下，團隊開始一步步的組織起來，成為賽事中最快樂的團體。2013年11月的太魯閣馬拉松，筆者可以看見黑美人的進步。「去年太馬，是我第一次跑半馬，跑了3小時13分。相隔一年，再戰太馬，2小時21分。進步了52分耶。雖然今天全程都是雨，但完賽就是要大喊哦耶啦！」（FB1021102）在此同時，黑美人團長也開始設定目標，逐漸也邁向全馬之路。

為了備戰香港的全馬，黑美人，正加強自我訓練，石門水庫有她 LSD（Long Slow Distance 長距離慢跑）的足跡，雖然她一直口口聲聲說不怕，但她還是很在意。可以感受到她這次嚴肅面對全馬的態度。全馬不比半馬，馬拉松的跑者都知道，這是要訓練的。筆者一直在追蹤她的狀況。看她能不能堅持的住。心靈的幸福感才是最重要的。黑美人的體重也在訓練中降到 49.6 公斤。黑美人說這是好久未見的體重呢？（田野日誌1030128）

第一部曲　Happy Run：一項運動人類學的研究

2014 年屏東高樹鄉馬拉松賽，是今年團長的第一場半馬，開始找人配速，積極準備要挑戰全馬。用以賽代訓的方式，讓自己保持高昂的戰鬥力。

　　團友很多都坐路跑巴士來的。台北、台中、屏東市等，路跑巴士的司機都很趕時間，明明 7:00 & 7:20 才開跑。巴士 4:30～5:00 都到會場了 。日夜溫差很大，清晨還是很冷的，這場團裡只有我一個女生參加。陽剛味十足啊！好久沒跟小健、屁鐵、茶哥、老莊共賽了。這次見到面超開心的，原本想要一起玩到底的，但又有點想衝衝看，就拜託茶哥幫我配速。茶哥赤足帶我跑了五公里，我就投降了。（訪問 1030107）

　　亂跑團團員們從各地來參賽，集合在一起，為共同的理想與目標邁進。「這場比賽跟葡萄馬和田中馬相同之處是……有著濃濃的人情味，沿途有民眾的加油聲，補給又很豐盛。」（訪問 1030107）筆者想，這就是大家遠道而來唯一的慰藉吧！2014 年的第一場半馬結束後，黑美人又朝全馬目標又更進了一步。

　　黑美人進行全馬的最後一次 LSD 路線，在登高一呼下，好多團員在年初五就一同參加了這次自我訓練。

　　我的目標是要達成 35k，依小蔡規畫的路線，是達陣了。雖然中途很想放棄，但我寧可現在痛苦，也不要跑

馬時痛苦啊。所以就算已經到了極限，還是咬著牙，一定要達成，感謝小蔡一路的鼓勵跟說話。後段痛苦的完成了我自主訓練的最長距離。這次的訓練相當重要，因為要完成初馬的人，一定要有一趟超越30公里的訓練。（訪問 1030205）

這是黑美人的自我要求與意志力。而且，過年對跑馬者來說，是最好的練習日子。2014 年 2 月 16 日亂跑團團長也開始邁向全馬之路。參加了香港渣打馬拉松。在她參與全馬之前她已跑了 8 場半馬，3 場超半馬，11 場路跑，1 場接力賽。

選擇在香港跑初馬，純粹只是因為我喜歡香港。前輩說，全馬前一定要練到 30～35K 以上，我聽進去了；但是，我能練習的場地，龍岡大操場，一圈約 1.1 公里，我跑四圈就很膩了，所以以往的練習從來不超過 5K，為了能夠完成初馬，我真的開始認真了，從 12k、24k、到 35k，都在石門水庫練習，山路不好跑啊，可是有痛苦才有成長啊！（訪問 103022001）

42.195 公里這個數字，是一個令人不得不敬佩的數字。黑美人在參加全馬前，徹底執行 LSD 的長距離慢跑練習。不幸的是，在全馬過程中受傷了。

起跑時感覺左腳踝有痛感，像是扭傷的感覺，想說慢慢

跑，讓身體熱起來可能會好一些。但愈跑愈痛，每踏出去一步我就痛一下，受不了了，只好進醫護站醫護人員檢查的非常仔細，但當然查不出什麼原因，只問我還要不要跑，我說我要跑，他們就幫我在痛點擦了點像乳液的東西，（他們沒有肌樂這種東西），浪費了蠻多時間在醫護站，我只想趕快繼續跑下去。因為全程共有四、五個關卡，到關卡那邊超過時間，就直接上回收車了。我可不想在第一個關卡就再見了……真的是仆街了。整個人仆出去，手掌撐地，膝蓋受傷，褲子也破了。好心的路人要將我扶起。我卻是痛到完全起不來，打電話給小介，他帶我到醫護站處理傷口。真是我的老天爺。在醫護站我擔誤了好久的時間，他們弄得很仔細，我卻覺得太慢了。我只想趕快跑起來，這是我的初馬呀！真的顧不得膝蓋的痛，傷口的痛就先放在一邊吧！回收車一台一台的經過，看了真的礙眼呀！我知道後面的20K會很痛苦，重新站起來後，我告訴自己，我現在才開始要跑一個半馬。現在開始跑吧！看到路上很多打氣加油的話語，我更是覺得我一定要加油啊！38k 後就慢慢往市區方向了。41K 就進市區了，市區兩旁都有加油及圍觀的民眾「頂住呀！」，就是撐住的意思，看到這個我眼淚都快流出來了。我一定要撐住啊！看到這個地墊，我知道終點就在前方了！那種感動，真的是無法形容這場比賽。（訪問 103022001）

黑美人在 41 歲這年，難忘的初馬，42K 夢想達成了。這段難得的回憶，讓她對自己更有了自信。讓她在路跑的過程中留下難以抹滅的記憶。筆者在研究的過程中也獲益不少。2014 年 8 月 17 日黑美人參加了台東都蘭夏日馬拉松，榮獲分組第三，令人驚豔，並為她感到高興。[22]

　　非常喜歡台東，要不是因為馬拉松辦在這裡，我這輩子可能沒什麼機會到台東遊玩，因為實在太遠了，朋友都說台東是我的福地，跑了兩次台東，兩次都上凸台（羞），其實，到各地跑馬的好處就是藉由跑馬，藉由雙腳，去以前不曾去過的或是一直很想去的地方。用跑步的方式沿途欣賞美景，這是我最大的樂趣，視野會不同，心情更會不同。八月，跑在台 11 線，真的好熱，到折返點之前我都活得好好的。往右看，美麗的海景印入眼簾，真是美極了。過了折返點，溫度已從 31 上升到 36 度，身體的不適漸漸明顯，血糖低，貧血，頭痛。我放慢了腳步，讓自己在補水站時喝夠大量的水再繼續出發，為了激勵自己和跑友，不論被刷卡，還是刷了別人的卡，總是大喊一句「加油」，心裡想著「好險沒報全馬」一過終點，整個人像洩了氣的皮球，戰鬥力=0，吃了兩顆包子，總算舒服一點，一直等到頒獎上台時，又

---

[22] 黑美人第一次獲獎是在 2013 年 8 月 18 日的利吉惡地超級馬拉松，榮獲分組第一名。所以，她一直認為，台東是她的幸運地。

活了過來。台東很遠，但台東真的美。值得我一去再去。金城武會為我加油嗎？哈哈哈哈哈。（FB1030901）

　　這就是黑美人的筆觸，總是從她的敘述中，感受到她的熱情。用馬拉松的熱情，去完整自己的夢想，去平常不太常去的地方，把馬拉松比賽當做是一場旅遊與觀光，因此特別的吸引人。

肆、亂跑團的誕生

　　亂跑團成立的時間是在 102 年 6 月初，宗旨是「就給他亂跑就對了」這個團體是透過 Facebook 所成立的，團長就是黑美人。團長透過臉書，與來自四面八方的跑友進行討論與交流，是目前相當流行有效率的平台。（田野日誌102081201）

　　看過那麼多的慢跑社，大家都是以訓練、衝速度為主，感覺有點壓力，讓我遲遲不加入任何慢跑社；但加入美女團長及各位之後，我發現，亂跑社不是要衝速度，而是讓我們去玩路跑，真棒！沒有壓力的路跑社，我覺得

這就是長久。因為衝,不如玩,這樣才能知道路跑的好。我知道如果要跟人家拼是拼不過人,那就在無壓力狀況下,跑我的步吧!謝謝您們,也很高興認識各位,喔耶(1020731 小健亂跑團社群留言)

這是慢跑團首次有團員做出了回應,很簡單的一個核心價值,就是要快樂,沒有壓力的健身,就是要跑得高興。緊接著其他團員也做出回應:

長跑有的人是拼速度,有的人是拼意志(跑完就好)。互相鼓勵,互相支持。這樣就好了。跑開心,跑健康,安捏丟好(FB1020801 施勞大)小健說出很多人的心聲啊!追求速度是能有多快拿獎金嗎?我們這把年紀想一想也是不可能了,只求每一場用心玩,活動用心完賽,享受那過程最重要。大家一起加油。(FB1020801 大胖)

路跑的過程,您體會過嗎?半馬三小時,或是全馬六小時,在此過程中,每個人的腦海裡,片段畫面不斷湧出,自己與自己對話,與大地對話,與空氣、陽光對話,與人群對話,與團員一起共享馬場歡樂時光,才是每位團員大家所共同期待的馬場文化。我們要學習日本馬拉松選手關家良一的觀念:「受傷之後我不太練跑,跑步的心態也變了,我不再做些逼迫自己的練習,也不再設定『今天要跑 N 公里』這種

目標，反而改成『今天天氣很好，所以出去跑步』，或者『昨天喝酒喝太多，所以去流汗一下』，配合自己的感覺和時間來跑步，有時覺得累了就不練習了。」[23]這才是我們要的路跑觀。

因此，正向的能量擴散，2014年1月16日運動筆記編輯團隊在社團萬花筒以「亂跑團——亂亂跑最開心」為題介紹了亂跑團。

> 嘿！大名鼎鼎的亂跑團來囉！為什麼他們鼎鼎大名，因為只要有亂跑團出沒的賽事，就有團旗，亂跑團在哪，旗就在哪。不管你是一個人跑，一群人跑，都可以帶著團旗東征西跑！其實，亂跑團並無固定約團練，也沒有一起相約報名，是透過臉書上的私密社團互相聯絡，很多團友都是透過在賽事現場互相見面噢！（田野日誌1030116）

亂跑團在經過半年的發展下，知名度漸漸打開，吸引了運動筆記編輯群的注意，特地專訪本團團長，亂跑團團旗成為馬場上的一大亮點，只要亂跑團大旗一出，馬上就成為馬場上的焦點，整體氣勢，跑者的動能無一不展現出來，成為一特有的符號。此外，小團旗則散布在各個團員身上，機動

---

23 關家良一，《跑步教我的王者風範：關家良一熱血自傳》（葉東哲、鄭舜瓏譯）（臺北市：遠流，2012），39。

性十足，攜帶方便，隨時可機動性的拿在手上，或收在口袋內，增加曝光率，成爲點狀式的擴散，眞的是不容小覷。至於亂跑團如何的運作，才能使團務順利推展，筆者認爲這是非常重要的議題。

伍、亂跑團的運作

一、溝通與聯絡

對於那麼多人的團體，平常是如何聯繫與溝通。亂跑團是利用 Facebook 社群網站進行聯繫。平常做爲互相聊天與訊息傳遞的平臺。遇有比賽，在 FB 上開活動的召集人，負責當天的招呼工作。當天有參加賽事的團員，到了會場，依據團旗之所在位置進行集合與拍照的儀式。留下美好的紀錄。順便認識不同的跑友或是新加入的跑友。其次，彼此較爲熟悉的團員，就會互相留下電話與聯絡方式，進行非馬場式的聯繫與交流活動。

由於是私密性社團，所以只有團員能夠看到團內所公布的訊息與活動，因此團員可以非常放心的公布各項訊息，可以相互激盪各種不同的看法。當然，時間久了，在馬場相見

的次數多了，彼此也會互相加爲 FB 的朋友，此時不想在社團公開的訊息，就可透過彼此間的交流而傳達。

有時候，地域的方便性，也可迅速的召集鄰近的團友進行情感的聯繫。包括小團練，或是小聚會，或是團員們開店，大夥一同去捧場等等。成爲最有人情味的地方。演變至今，除了正式的馬場外，私底下的交流聯誼也不少。活動一場接一場，成爲促進溝通與聯絡的最好方式。[24]

常常筆者可以發現一些動人的言論。誠如米姐所說：

在亂跑團這個大家庭裡，不管你是家財萬貫有好多人阿諛奉承的董事長，工廠裡的一個小小作業員，或是正失業中，英文老師，國小老師，可愛美麗的時尚名模，醫師，會計師，工程師，水泥工，送貨員……在亂跑團裡，不管現實生活中你的頭銜你的工作是甚麼？在這裡都派不上用場。沒有人會在乎你的頭銜。因爲在這裡大家都是平等的。大家都只是一個單純的跑者。沒有人會因爲你是大老闆或是無名小卒而對你另眼看待。沒有人會因爲你跑得慢而看不起你。在跑場上或是網路交流中，大家互相鼓勵，互相打氣。一起歡樂，一起分享。亂跑團讓我的跑步生涯更豐富更歡樂。我好愛這個大家庭。我的跑步初衷很單純不帶雜質。完全是爲自己而

---

[24] 以 103 年 8 月 30 日爲例，白天，家偉、彥鈞、宏濤、鄉哥、士偉等相約外木山浮潛。晚上，團長、副團長、阿哲、Ken、米姐、施大、Cathy Yang、Kathy Tsai、小包等團員參加 Brooks 京站-大稻埕活動。

跑，10 幾年來，跑步的確帶給我健康還有無限的歡樂。尤其進入亂跑團後。我們夫妻的生活變得更多采多姿。感謝團長創辦這個歡樂的亂跑團。感謝團長團副們的付出，感謝在馬場認識的每一位的跑友。（FB1030313 徐米克施）

　　大夥兒的目標是跑步，跑步的動機其實很單純，單純化後才能更享受跑步。資訊化的時代，聯絡的管道很多。FB後，亂跑團又成立了 Line 群組，這群組算是非正式的官方群組，透過互吐口水、講笑話的方式，增加情感的聯繫。畢竟，並不是每位團員都習慣使用此項功能，所以截至 103 年 8 月 30 日止，目前人數只有 61 位。有些即時的訊息可獲得團友的幫忙。例如：Stancy 發問：「有人知道從大直怎麼去大佳河濱公園嗎？」此時就會出現很多有趣的回答，包括玩笑式（跑步去、Ubike、露大腿搭順風車）、非正式（小黃）、很正式的回答（大直橋過橋就是啦，單車直接在橋上右轉下去就是大佳，機車下橋右轉後有個加油站在右轉從水門進去）。以上種種成為團員們另一求助與歡樂的場域。

二、儀式與激情

　　對於剛加入的團員而言，這是很新鮮的行為。一群人為著路跑的共同興趣，聚集在一起。大家一起喊著團呼：「團長

好美，喔耶！」做爲開始與結束的儀式。路跑也許不再是寂寞的個人運動，成爲一種團隊的運動。

　　亂跑團團員小健今日將新做的橫幅 PO 了上來，令人感動。小介說，這是首創橫布條。定堯說將稱霸全台。現在團員愈來愈壯大。今日副團長張福仁說，團員今日突破 200 位，眞棒。（田野日誌1021017）

　　終於，亂跑團的橫布旗製作完成。感謝福仁的贊助 3 條，我贊助 2 條。希望在往後比賽都可以在會場上遠遠的就可以看到亂跑團。這材質是帆布，四邊都有洞，有附繩子。亂跑團，喔耶！（FB1021017）

　　這是黑美人團長今天介紹給我的一篇亂跑團成員小介的文章，刊登在運動筆記網站上：

　　去年獨自一人參加草嶺古道山徑越野 13.2km，感受到步道的艱辛和山海的風景迷人之處，征服了此地的困難險惡，完成了挑戰之賽事。今年不再是孤獨的跑者，因為我有了一個大家庭──亂跑團。每一位團友都有獨自的特色，散發著陽光健美可愛的一面。團長的魅力銳不可擋，太美了～喔耶！（很愛妳喔），副團們各司其職，認真負責～喔耶！（你們很棒）　團友設計的亂跑團圖案，演變出了團旗和小旗及徽章……等。增加了凝聚向心的無形力量。有了亂跑團之後感受到一份歸屬感，小

子很榮幸可以當元老級的團員。好康道相報,現在藉由團友們的號召力量,已經激增破 200 人以上。在此團絕不會有任何的壓力存在,不會要求一定要團練和配速增加等。此團秉持著自由性質。開開心心快快樂樂亂亂跑 …… 感謝阿泰和團長及凱西的駐足熱烈歡呼。(田野日誌 1021023)

跑著怕孤獨,孤獨就沒有後續戰勝孤獨路跑的勇氣。有了團員團隊的呼朋引伴,有了團旗的認同符號,有了領導大家的團長與副團長等幹部,沒有壓力的亂跑,成為團員最微小的願望。

而黑美人團長,這幾天在忙團服的事,透過 Facebook 大家你來我往的發表看法,基本上大家都有共識,顏色的挑選則因各人喜好而有所不同。但大家都是很認同亂跑團的精神與團長的努力。(田野日誌 1021018)

此外,為了 2013 年 11 月 17 號的美津濃路跑接力,身為亂跑團團長的黑美人,在賽前的準備與聯絡上,花了不少心思,誠如副團長大仁所云:

過完今晚,接力賽就只剩下兩天了,這幾天陸續傳來人員受傷或因事無法參加等等訊息,主辦那邊衣服也出包,這些事情可說是讓團長她忙得焦頭爛額,但也因為團員的配合與幫忙,讓事情逐一解決;在起跑槍聲尚未響起時,我們的接力賽早已開始,這正是考驗我們團結

向心力的時刻，我們在接力賽中想得到什麼？獎牌？佳績？都不是，我們要的不就是團隊精神嗎？期盼夥伴們持續亂跑宗旨 Run Happy，快樂享受過程，互信 互助 互愛 相扶持！接力賽加油，亂跑團加油！真得不要忘了團隊精神與 Run Happy 的初衷呀！（FB102111501）

美津濃路跑接力賽是一項具有日本儀式性的路跑接力賽，注重的是團隊精神，也就是一棒接一棒，棒棒是強棒，透過團員的共同組隊參與，凝聚更強大的向心力，接力賽的意義不正是如此嗎？

黑美人團長又好像身兼團隊管理，交代行前事項：

請 11 月 17 日 參加接力賽的夥伴注意：盡量在 5:00 前到會場跟我領取衣服號碼布，並著裝完畢。5:20 開始檢錄 （譬如社會組第一棒開始檢錄，再來是第二棒。第二棒之後的棒次，檢錄完就要準備上車了）請著號碼布檢錄，工作人員會在號碼布上做記號。所以，沒辦法到場檢錄的夥伴，要請其他人幫忙檢錄，不然那一隊就不用跑了！（沈哥的檢錄就請第七棒的其他人先幫忙，衣物再交由松哥轉交）。另，海邊風很大，請大家穿著風衣，避免感冒。並在交棒時交接風衣。（譬如，第一棒跑到第二棒的時候，第二棒把他的風衣脫下交給第一棒穿，大家都不要感冒。）畢竟有八個棒次，最後一棒真的要等很久。至於，女第三棒要把風衣交接給第二棒，

若第二棒沒辦法穿，至少還可以披著。（FB102111502）

　　大家來自各地，彼此各有各的工作，要聯繫真的很不容易，黑美人團長身兼數職，誠屬不易。唯有透過共同的平臺，相同的共識，才能完成這一場路跑接力賽呀！團隊精神與 Run Happy 的標語，深植在每一亂跑員的心中，大家彼此相互提醒，勿忘初衷。

　　最後，2013 年 11 月 17 日的美津濃接力賽，亂跑團組了三隊，名次分別為 128、167、381。名次對亂跑團來說，只是點綴。重要的是團長所說的：

　　　每一棒都在不同處，不同的風景，不同的心情，一直在
　　　等待，交棒的過程，與跑步的賽道，每個人都的經歷與
　　　感受都不同，這是一個非常棒的經驗，這三張卡，對我
　　　來說 ，只是個數字，只是這場活動的 ending。對大家
　　　來說，我不知道是什麼；但，希望大家都能有所收獲，
　　　玩得開心。（訪問 1021118）

亂跑團成員樓小宏也發表了感性的心得：

　　　這是本年所有賽事中最期待的一場。因為亂跑團團員地
　　　域性的關係，我很難得有機會可以和這些已熟識的家人
　　　（亂跑團大家庭）團聚。這天充滿感動，這活動能辦得
　　　如此順利，有很多想感謝的人，像是：忙著打理團務的

團長與團副群、照顧我們住宿和伙食的老大與米姐、紀錄感動的攝影組，還有所有販賣歡樂不用錢亂跑團成員，以及緣分難得的愛亂跑第三隊。愛亂跑第三隊：在這場賽事裡，我們這八棒頂著寒風，身在各個點待命傳接棒。因為分散各點，彼此之間沒有太多的交流，但透過一條接力帶、一面團旗，就能感受到彼此。在背上接力帶，拿上團旗的那一剎那，我彷彿可以看見思言在鳴槍起跑那一瞬間奮力衝刺畫面，各個團員為了爭取更多一點的時間，拼命的狹縫中殺出一條血路。雖然我們不是職業的跑者，更沒有選手級的速度，可肩上背著這條微濕的接力帶，我知道我背負著是前幾棒成員：思言、莊哥、YOYO、邦哥所努力跑過的每一步熱血。原本擔心自己的腳傷會影響表現，但當時腦中只有一個想法就是我要把這股力量傳下去。說也奇怪，因為腳傷所造成不自然的姿勢，原本發痛的腳踝卻也開始變得越來越順，突然間找回未受傷前的跑感。逆著海風奔馳，海景藍天連成一線，這舒服的感覺讓我好感謝，感謝讓我能在這奔跑的每一個人。一邊跑著，一邊向賽道旁的工作人員說聲：「辛苦了，謝謝！」工作人員也好嗨，一個個和我玩起了擊掌。這場接力賽好玩到一點壓力都沒有，而且我已感覺充滿能量，這是由隊員們傳承下來的力量。調勻呼吸隨著兩吸一吐的頻率，我要超越眼前的目標，過了一個再換下一個，直到我眼前出現了……我非常放心的下一棒跑者－飛飛。我知道她會飛得很好，

然後繼續把這股力量，傳遞下去。（FB1021120）

　　筆者以爲，小宏所述，才是這場比賽的目的，也就是找到自己的定位以及與團隊的價值。享受著大自然的美景，人情的溫暖，自我超越的感動，這些力量仍在亂跑團持續的延續著。馬拉松接力的魔力與魅力就是在此。

三、情感的凝聚

　　團員情感的凝聚，仍需要靠實際的接觸與行動。亂跑團的第一次期末聯誼會，2013 年的年底在石門水庫舉行。筆者參與了其中，覺得妙不可言。路跑那麼辛苦，爲甚麼大夥還是要跑。局外人很難理解吧！現在是局內人的筆者，其實也很難理解。套句甘巴茶的話語：「跑了就懂」天那麼冷；而且還下著雨，還是要亂跑。亂跑團的宗旨：「跑得開心，跑得健康，每個人依照自我的能力，設定自我的目標，Run Happy」。有心才有力，只要有心，任何天候，您還是可以克服的。

（一）專業最高點

　　2013 年 11 月 20 日副團長大仁使用 BeClass 網站建立了「2013 年歲末團練暨團聚活動－亂跑石門盃」報名系統供大家報名。當然，之前大仁的路徑勘察，費了相當多的心思與努力。做過行政的都知道，行政工作是一件吃力不討好的事情，而且要聯絡來自四面八方的團員們，辦團練、辦聚會交換禮物與摸彩，還可以泡湯，安排得相當豐富與多元。每一個細節，每一個流程，都不馬虎。

　　補給品、補給點、補給飲品、攝影師，彷彿就是一項路跑比賽的規模。筆者完全無法想像，這是一場精心設計與安排的活動。起初以為就是簡簡單單的團練加聚餐。況且，報名費竟然只要 100 元，去哪裡找到這麼好康的事呢？

（二）爽到最高點

　　想到交換禮物的高潮，就覺得好有趣，不好意思，筆者生平第一次參與。令筆者印象深刻的是，念荷的電影票 ＋ 一個下午與晚上的約會，覺得好有創意；抽到的是庭羽，非常適合。還好不是筆者，對於學生級的年輕小妹妹－只有「敬謝不敏」啦！筆者更爽，抽到大仁準備的毛帽與領巾，這就是緣分啦！回去孝敬女兒先，領巾自己用。

（三）笑到最高點

其次是睿紳的壓軸，這位小弟弟好純樸，一直擔心他的交換禮物不夠好，筆者一直鼓勵他，心意最重要，沒有關係。結果團長抽到，真是笑到最高點。筆者還相當欣賞他的手電筒，夜跑時，很好用、很安全呢？尤其是他介紹時的笑點，非筆墨所能形容，只能心領神會。（在場者方能感受那股渾然天成的特質）

（四）感動最高點

最後，當然是大仁生日的驚喜，筆者最喜愛的那隻天鵝又出現了，胖胖就是有那種魅力，可以犧牲色相，為大眾的歡笑而努力。一場精心計畫的卡片書寫，蛋糕的祝賀，美麗的翅膀又悄悄的飛進每個人的心坎；大仁的心得感想也很經典，每次要飆淚了，又有梗來破壞，哈哈！

（五）亂跑最高點

既然是團練，還是寫一下路跑的心得。此次分 9K 與 19K，人性化的 K 數設計，可適合不同的團員當天的路跑心情。這次的路線仍是上坡與下坡的考驗；但沒有上次石門水庫路跑來得硬，此外還有美景與雨的陪伴。當然，團員並非在追求成績，而是以路跑聯絡情感，相互交流，為今年的賽

事劃下一完美的句典。免除不了的亂跑團的儀式：拍照、LDS、團呼。這是一定要的啦！感謝運動筆記的陳大哥到場攝影，拍得極為詩意。回程時，與團長與米姐聊著聊著終點就到了；聊著聊著，團長創團的辛路歷程；聊著聊著生活的瑣事。回程碰到騎自行車的車友們，也是無畏天雨路滑的騎著，騎了就懂，跑了就懂，大家互相理解。

感謝工作人員團長、大仁、胖胖、永暉、飛飛、小宏、宏育、念荷、香香、顏攝、陳大哥等夥伴的付出；還有許多提供摸彩獎品的廠商與團長、副團長以及團員們。謝謝您們！（田野日誌1021231）

期末聯誼會之後，亂跑團就這樣陸陸續續的又在各地到處征戰，邁向新的一年，又在各地馬場互相打氣與碰面，不知不覺，距離亂跑團成軍的日子竟然將近一年了，團內幹部特地的又規畫了此次團慶活動。

> 今天是亂跑團成立一週年的團慶。在台北大學三峽校區運動場舉行趣味接力賽。隨後在龍水魚餐廳進行餐聚與清倉禮物交換會。亂跑團的成立不是一件容易之事。特別是，這些活動都是團長與副團長義務性的支援與協助。大夥平日各有工作，還要額外的付出，實屬不易。其中攝影組相當專業。整個活動，就好像正式的馬拉松賽一樣，辦理報到、領取號碼牌、紋身貼紙與補給品。趣味性接力賽更是精心策畫，海灘球、跳繩、呼拉圈、脆笛酥、法國麵包等道具搭配，成為一有趣的畫面聯

結。比賽共有七隊：第一隊賦愁者聯盟，第二隊阿姆斯特朗旋風噴射阿姆斯特朗旋隊，第三隊大大隊，第四隊來自撞牆的你，第五隊攏攏來厚去啦，第六隊哩來軟A，第七隊小小隊。最後大大隊獲得冠軍。評分標準為速度、完成度及團隊精神。隨後，在餐廳聚餐，並舉行清倉禮物交換會。這是餐會中的高潮，許許多多跑馬好手，將一年來的贈品等拿出來交換，有些團員精心設計一些喬段，總是令人拍案叫絕。為什麼大家需要一個團隊，團隊能帶給個人有什麼樣的意義。筆者經過多方深度訪談發現，跑者害怕孤獨，透過每次的賽事相聚，大家有共同的目標，有共同的興趣，有共同的話題，在此氛圍下，無論您的工作是什麼，在這裡沒有任何包袱，您就是一個跑者，不是孤獨的跑者，沒有負擔，保持適當的距離，沒有利害關係，年齡層分布各不相同，大家要的彷彿是一種「集體療癒」。（1030628 田野日誌）

筆者特地在參與活動後，寫下了觀察紀錄，這種心情是一種莫名的感動，感動大家有共同的興趣與喜好，感動到大家的活力十足，感動不同年齡層的世代情感，因為路跑大家結合在一起。一週年團慶，滿週歲的生日，得來不易的幸福。

四、專業與健康

　　亂跑團這個平台提供了許多的路跑疑問。對於剛進入馬拉松世界的平民而言，這些馬拉松前輩可以提供許許多多的專業經驗與有趣的經歷。

　　筆者想，做為一位田野研究者，當然要體會其中的奧妙，於是報名了桃園場的美津濃路跑教室，授課教師有兄弟象隊隊醫衣思訓，介紹運動防護觀念，東吳超馬老師郭豐州老師，分享核心肌群與馬克操。也許每個人的期待不同，但是收穫滿滿。報名費 300 元，課程很豐富，不但有運動傷害與暖身等說明課程，還安排實際操練：暖身動作、核心肌肉群訓練、馬克操訓練，參加禮有排汗衫、毛巾、束口袋、水，是個很值得參加的活動。這次活動有五位亂跑團成員全程參加了美津濃路跑教室，（田野日誌 1020909）

　　此外，團長也參加了另一項地點在埔心牧場的亞瑟士馬拉松訓練營，日期為 2013 年 9 月 7 日～9 月 8 日。

> 9 月 8 日一早起床就來個接力賽。一隊 10 人，分 2 小組（有 7 隊，14 小組）我跟阿泰同隊，但不同組　（想要贏鞋的策略之一）阿泰那組果然超屌，第一棒次的人就用 3 分速把其它人全甩開了。阿泰最後一棒，第一個回來衝線的啦！這一幕超感動啊，好希望那個衝線的人是我。但，事實總是跟夢想是有差距的，我被排在第一棒，唯二的兩個女生。前一天已經跑過這條路線了，覺

得很 ok 呀！但鳴槍後大家都怎麼了，是衝百米嗎？我也跟著衝呀，如果用我的速度，大概直接最後一名了。不過，老娘有氣喘也，這樣衝了 100 公尺，我都快呼吸不到空氣了，算了，不跟著衝了，我還想活命。這樣子，我當然是最後一名啊！管它的，我用我自己的速度跑著。經過一個小小的上坡，不小心就甩掉了兩個人。1.8K，我不知道我是第幾個回來的，我只知道我是女生第一個回來的。這兩天參加亞瑟士馬拉松訓練營，從許績勝教練身上學到很多，一直想跟大家分享這兩天到底學到什麼說也說不完，有上課，有實地操練，有練核心，有練節奏，有練肌力，暖身與收操也做得很確實。這麼多的東西，要怎麼分享，我找到了一段影片，是許教練示範的跑步動作，大家可以看一下。(田野日誌 1020909)

　　參與路跑一陣子後，會有一些問題想要獲得釐清與解決。最好的方式，應該就是參加路跑教室或是馬拉松訓練營。從專業的教練中習取經驗，厚實自己的能量。這種路跑正確知能的傳達與實踐過程，對於即將踏入，或是已踏入而不得其門而入的跑者來說，的確是一大福音。

　　筆者曾經發問有關跑到一半想上廁所的問題，獲得許多好有趣的經驗與答案。基本上，這些都是大家會碰到的問題。因為筆者的練習經驗中，好多次在中途會想要上大號，並不是因為當日未上大號，而是跑了之後，竟然還會想，有

時候到了無法忍住之時，真的很尷尬。還好筆者大部分都是在夜晚的鄉間小路上夜跑，管不了那麼多的禮義廉恥，只好摸黑在草叢中解放。哪知，問題一出，好多團友響應回覆；原來大家都曾碰上類似的問題。只是這種問題，大家不好意思提問，也就沒人回應。今天筆者做為發難之始，大家的拉屎經驗紛紛出籠，令人噴飯。（田野日誌 1021102）其實，跑馬拉松大約時間落在清晨的五點半至六點半之間，正好是人們起床上廁所的最佳時機，但跑馬者需要更提早起床，梳洗到現場，因此，很多時候，開車的，坐夜車的，幾乎是睡眠很少。因此，跑馬者的日常生活習慣很重要。有跑友就建議，跑馬拉松者不能暴飲暴食，養成每日起床後，喝一大杯開水，讓腸道加速蠕動排便，在出門前就將排便處理好，以免在跑時便意上身。經過筆者試驗，果然沒錯，我在正式的跑馬過程中，從未有排便之慾望。並且養成更早起的習慣，以方便每逢假日都要出去跑馬的習慣。

再者，就是黑指甲的問題。有團友提出了跑馬拉松後指甲變黑的問題，團員們開始發表自身的經歷，有團員道賀說「恭喜你進化了」，有團員「我跑這麼久未曾有過黑指甲」。這到底是怎麼回事。於是，開始有專業的團員開始回答讓大家信服的答案。會有黑指甲是因為跑步的姿勢不正，或是鞋子太小，或是鞋帶沒有綁緊，在跑步的時後一直往前推擠，長時間下自然而然的指甲就會瘀血，最後走上指甲掉光的命運。（田野日誌 1030105）

筆者自己也曾親自體驗到「黑指甲」的滋味。一開始以

為是跑馬拉松選手的一種圖騰，一種驕傲。透過團員們的討論，我才正視到，原來這是一種運動傷害。因為在數小時的摩擦過程中，你所受到的傷害是持續性的。在 2014 年 04 月 06 日的 SKECHERS 前所未有路跑賽中，我穿了一雙新鞋，這雙鞋相當合腳，穿上襪子後感覺有點緊繃。這是筆者在練習時就知道的事。但是筆者想這次路跑也不過就是 12 公里罷了，應該沒有甚麼問題，於是筆者就興高采烈的穿去參加此次路跑，並且大秀筆者的新鞋，因為是紅色的；但是跑到終點前一公里左右，筆者的左大姆指開始疼痛，筆者大概知道是怎麼回事了，晚上回到家後，筆者的左腳掌的大姆指指甲已經瘀血大半。這是一段長時間的蛻變過程，我仔細看著大姆指指甲的改變，小心翼翼的希望不要那麼早就脫落，終於在 7 月 16 日，筆者發現舊指甲已脫離新生的指甲，筆者的新指甲才長成一半。這三個多月的歷程，筆者證實了「黑指甲」是鞋子不適合腳的問題，也證明了亂跑團團員松哥他的經歷，他從未有過黑指甲，跑得也不少，為何沒有如此馬拉松的印記。

五、共識的產生

2013 年 10 月 28 日，亂跑團副團長發布了一項公告：

各位親愛的團員：亂跑團從草創的幾位元老，在短短半

年間急增至目前的 236 位團員，由於目前的團務尚處推行階段，有很多事情都還沒有步入軌道，團幹部為了能讓各位團員擁有一個更健全、更完整的園地，經開會討論決議，自即日起暫停新團員的入團申請審核。另外已加入亂跑團的團員，希望大家對社團要有參與感，不論是在社團的發言、討論，對活動的參與或是團務的協助等等均可，在暫停新團員入團申請審核的這段期間，我們也會對現有團員做審查，凡是隱形團員就請先暫時離開，好讓新團員有進來的空間，我們明白大家都希望把自己的朋友拉進來一起參與社團，但是現階段就請各位體諒一下，待團務趨於穩定，一切步上軌道後再行重新開放加入。（FB1021028）

　　由於擴張快速，經團幹部有四人討論，「暫停增員」，希望新入的團員能多多出聲讓大家熟悉，社團無限制的擴張，對亂跑團不是好事，希望能照顧到每個團友，希望大家彼此能熟悉。畢竟，幹部是辛苦的，團務的運作，並非易事。期待亂跑團能永續經營下去。

　　亂跑團成立半年後，在有些團員被退團或是參加久了，也許有些團員感覺有壓力或是不愉快的，也許就選擇了退團。基本上亂跑團的團內幹部，都是尊重大家的自我選擇的。當然要經營一個團體，其實真的是不容易，內部的一些意見，執行上的規定，終究是會產生一些火花，因次，部分團員認為被退團的說明必須清楚，提供了一些建言。

誠如外號班長的亂跑團建偉所言：

團內形形色色的人都有，有的內向，有的外向，有的人
心直口快，有的人謹言慎行，而團內也幾乎沒有任何規
定來約束各位。而連結各位團友的，只有單純對「亂
跑」的認同。團長也是不希望有太多的規範來限制，只
是這時候反而是團副們傷腦筋。因為「方便」很有可能
因此變調成「隨便」。目前檯面上最大的問題就是踢人
問題。（其實我覺得，多數團員都不知道有誰要被踢了
或是我認識的那個人不知何時變成非團員了）我比較傾
向顯宗哥的做法，固定時間檢視社團成員，並公告疑似
「雜務繁忙」或是因「人生重大事件」，而疏於（網路
或馬場）互動的團員名單。並限時執行剔除動作。這段
時間內，就由較常在網路上活絡或是他（她）較熟識的
團員，趕快的在時間內通知這位團員。並由這位團員決
定是否要暫時退團或是來社團發文（亦或是私訊幹部）
解釋事由。只是若多次都在公告名單內，也該考慮直接
執行。最後一句，辛苦了，各位辛苦的帥氣團副，然後
還有壓軸團呼：團腸好美，喔耶！（FB1030320）

對於在社群中的隱形團員，就是不發言出聲或是從未參
加路跑以及團慶的團員們，幹部們與團員們認為這些人已不
適合在團隊內部。因此，副團長暉哥，於 2014 年 4 月 27 日
發表了一些看法：

最近觀察團員的活動，發現了幾個現象：1 近期陸續加入了幾位新團員，但是發現有的因為不認識社團的人而不敢相見，而現有的團員有部分對新進的，表現的不夠熱情，希望新團員加入後別害羞勇敢報上自己的大名讓大家認識你，也希望現有的團員展現亂跑的熱情歡迎新人。2 最近發現到有人按了活動參加，當天卻沒有出現，也沒有說為何沒來，再次重申：無故沒來相見者，列入觀察名單。3.最近發現有的團員和別的社團互動良好，開始有點脫離亂跑，也發現有團服卻好幾次沒穿出來，卻穿著別的團服，雖然沒有強制規定大家要穿，也希望大家的向心力不要因此而疏遠喔！以上是我的觀察。（FB1030427）

團隊是要靠大家一同經營，副團長說出了他的心聲，因為他是一為盡職的幹部，看到穿著別團的團服，這種情形難免會有點辛酸，也許每個人都有難言的苦衷，各有各的交友圈與朋友，幾次的觀察並不是最準的，一個好的團隊，必須要由時間來驗證，這也是團隊幹部所憂心的地方，他們也以更努力的態度來支持亂跑團的運作。

103 年 5 月 11 日經幹部開會討論決議，關於新團員的審核，及不適合續留之團員的淘汰，團長做了一個說明：

團員的朋友想入團，若看過我們在運動筆記的訪談，若能認同，並實際參與過亂跑團的活動（活動不限是比

賽，可以是團練之類的活動）至少兩次，可提出由幹部討論審核。但前提是，當事者一定要知道被加入社團，因為有些朋友只是喜歡跟著大家一起跑跑，並沒有真的有意願加入社團或是認同我們的理念，所以這點挺重要的。團員眷屬，不一定要入團，即享有團員的福利，例如：團購、團慶、團服、團報……等等。但是，若要「加入」社團，還是要跟幹部提出申請啦！（FB1030530-1）

團隊經過將近一年的發展與磨合，在一些觀念的釐清上，的確是需要做一些說明，以便讓團員們能夠有個依據，能夠更清楚的傳達。因此，團長與團幹部們花了一點時間，蒐集了一些資訊，向大家公布說明。淘汰團員部分的規定如下：

其實，我們並不要求要「多參加活動」才是我們的自己人，畢竟，報名比賽是要花錢的，如果我希望大家多多參加比賽，那我真的不是人啦。很多人夏天太熱，不喜歡跑步，與大家見面機會少，那是自然的，只是……不跑步的時候，可以上社團跟大家互動，聊聊天，讓大家記得你。沒有互動，或是不想互動，那我也不知道你希望亂跑能給你什麼，或你希望留在亂跑幹嘛。另外，如果有參與活動的，如果你沒有時間跟大家一起跑步或拍照，但是有見到面，希望可以互相打個招呼。我們三

個月會整理一次團員名單，把所謂的幽靈人口，或是互動極少，或是不適合待在社團的團員名單列出，而被列到的人也不用擔心，公告後一星期內請自行聯絡幹部，說明或溝通啦，不用在公告的地方說明或解釋，然後幹部會討論，再決定是否淘汰啦。（FB1030530-2）

畢竟，加入了社團您就當然有一種義務，這種義務，其實規定的已經非常寬鬆，筆者也相當認同，若連此簡單的規定都做不到，那又何必要加入亂跑跑團呢？誠如團長所說，除了馬場，在社團的網路平台，依然可以互動頻繁的。團長另外也對活動及賽事集合問題，再說明一次：

現在的比賽很多，如果該場次有幹部，就由幹部擔任召集人，招呼大家集合或拍照。如果該場次沒有幹部，請大家在賽前至「該場次的活動區」自行相約。關於「集合」這件事情，我之前有打過一篇文章，這不是硬性規定，大家就隨興吧。我想，有心的團友自然不會想錯過與團友一起相聚或拍照的時刻，當然沒有來集合的，也許班車時間的問題，也許各種問題，那些其實都不重要，重要的是有沒有心啦！活動的衣服：不硬性規定一定要穿團服。團服是表現一個團體的精神；但有些人在意穿搭的問題，或是配合賽事的主題，或是有任務在身的（領跑員、陪跑員）種種因素。關於這點，就不做規定了。（FB1030530-3）

上述的規定，其實已經相當的寬鬆。筆者的經驗是認為，若每一次路跑都穿著同樣的團服，時間一長，在回味時難免會分不清這是哪一場。有時背心團服的摩擦，也讓筆者皮膚會受傷，因此，團內幹部的討論眞的是相當民意化。其實回到當時的初衷，我們就會放下更多的爭執：

原本的初衷，是聚集一些孤單的跑友，大家有個平台可以互相討論賽事及聯絡感情。久了，大家認識的人愈來愈多，也許是其它團體或活動的朋友，那是正常的，當大家不再孤單的時候，不要忘了我們是一家人的那種感覺。 我不喜歡社團擴張太快，一直以來都是這樣想的，小團體有小團體的溫馨，大團體有大團體的管理方式，人少用人治，人多就要法治。很頭痛啊！ 你們可以去團員名單看一下，你認識的名字有多少個。如果無條件的擴張，陌生感就會擴張～那種小而美的溫馨會淡化。所以關於人員的擴編，我有我的堅持，希望大家諒解。（FB1030530-4）

這是一個組織發展的必經過程，不是公司，不是機關行號，不是協會，完全必須憑藉著自我的情感與意志才能長長久久。總之，珍惜當下，享受當下的過程，緣起緣滅，不需要刻意強求。

陸、亂跑團與自我敘說

　　筆者因為研究進入了田野，田野研究讓筆者進入了路跑世界。在研究與路跑的過程中，筆者不斷的將自己和團隊抽離與融合，客觀與主觀之間來回擺盪。時而是一位研究者，時而是一位路跑者、被研究者。時而忘了筆者是一位研究者，時而忘了筆者是一位路跑者，這種奇特的經歷啟發了不同的想像。設若筆者未進入田野，只用訪問的方法，如何體驗更深入的感受。設若，筆者未能實際參與路跑的運動經驗，筆者如何是說？因此，在自我敘說的部分，筆者用時間序的方式敘說，見證一位運動人類學研究者的運動經驗。[25]

一、從最短的距離開始

　　這是一場我第一次參加的賽事，休閒組。會參加是因為黑美人的關係。看她每天迷路跑的樣子，真是令人羨慕。而且她第一次就跑半馬，太強了。平常也不過小跑操場十圈。

---

[25] 筆者希望從田野日誌當中，能夠生動地傳達所要表現的意涵。這種敘說的方式，是想要表達一種豐厚的活潑經驗，自由自在的表意，充滿生命力的故事。「質化研究既然孕育自田野中的生命經驗，為何不能給他開展奔放的空間。」請參閱成虹飛，〈報告書寫的困境與可能性：寫給愛好質化研究的朋友〉《新竹師院學報》12（新竹，1999.2）：39。

因此，趁著這次機會，報名跑跑看。體驗一下。原來現在路跑是這麼的夯，唸書唸太久了，再加上工作，好久沒注意到這些事情；更別想說體驗。

比賽地點在青埔棒球場，離家近。所以，一早驅車前往。由於常到高鐵或看棒球，路線還算熟悉，也大概知道停在哪裡，所以不安的情緒不會太多。只是第一次，難免興奮又緊張。況且，又無同伴隨形，更加寂寞。

一開始的場子，縣長、議長、中壢市長都到了，連教育局局長也來了。心想，這些政治人物真辛苦，沒參加跑步，一大早也得爬起來。當中邀請了九十多歲的馬拉松跑者郭廷虎先生一起上台共襄盛舉，真是佩服。

這場看到了許多家庭一起參加的畫面，是我當初報名無法想到的事。路跑真的已深入到如此境地，令人無法小覷。

休閒組 5k 是最後起跑，我用我的速度慢慢地跑，想要來個好好享受一番；但是很奇怪，就是有很多人想跟您比，一下跑一下停，這樣會不會太辛苦。看來，他們也是菜鳥。雖然我也是菜鳥，但我仍保持我一貫之速度，也就是在學校操場的速度八分速。途中筆者碰到第一個補給站，連停下來都沒有，因為一點都不渴呀！繼續跑，跑著跑著，太陽出來了，好熱呀！我決定加快速度，趕快跑完。由於筆者知道已經快到了，體力又還很充沛，所以我最後的速度相當的快，超越相當多人，完成了我的第一次正式路跑。

落寞的事是跑完什麼都沒有，沒有完賽證書，沒有獎牌；原來看人家拿獎牌是這麼爽的事。原以為我會跑得很吃

力呢？也許是工作的壓力沒了，眞個人心情都放開了，覺得好舒暢的感覺；也正因爲如此，促使我下次挑戰 10k 以上的夢想。（桃園縣議會議長盃路跑田野日誌 1020810）

二、就是要亂跑——上坡、下坡、貢丸、米粉與薑湯

今日一早凌晨四點五十分起床，比預設的鬧鐘還要早十分鐘。最重要的一件事，就是要「排遺」。於是燒了一壺熱水，喝了下去，吃一根香蕉，一顆蘋果。果然，非常順暢。之後，驅車前往石門水庫，此時，天色未明，氣候異常寒冷，工作人員已經在指揮交通，非常辛苦。大約五點半，筆者已抵達了南苑停車場，大多數的工作人員已經就位，司儀小姐非常認眞，正用廣播宣達比賽之相關情事。

第二件事，就是觀察地形與地物。廁所、寄物區、舞臺、補給區等。亂跑團集合時間是在六點三十分。約莫六點二十分，晃呀晃，已看到永暉以及亂跑團的大團旗掛在樹上，黑底黃字相當明顯，相當令人感動。就好像出國看到自己國家的國旗一樣。陸陸續續，大家漸漸的聚集，小介、小健、阿哲、甘巴茶、家偉、庭羽、杜薇、Kathy Tsai、德銘、Coral Liao、Fisher Lin、靜宜等團員（沒記到的團員請出聲）。大家相互拍照與聊天的動作，是亂跑團相當重要的儀式性的行爲。

七點一到，在主持人倒數計時下，21k 組率先起跑，十分鐘過後，換筆者的 11k 開始起跑，一開始就是爬坡，而且還相當的陡峭，筆者第一次跑這種上坡路線，但是只要慢慢跑，尚能應付。其次，在眾多人的陪伴下，您不會顯得孤單，會成為一種團隊的運動。在寒冷的陽光下，呼吸倒也還順暢，有些選手，在上坡中，邊跑邊走，彷彿受不了這種坡度的摧殘。筆者秉持不停下來的原則，速度慢，步頻小的方式，亦步亦趨，當跑到壩頂時，竟然，已經有選手開始折返，這種速度與跑的方式，實在令人佩服，更令人望塵莫及呀！不過，亂跑團的宗旨就是跑得輕鬆，跑得快樂，跑得健康。

　　到了折返點，有補給，包括水、香蕉、泡芙等，隨便吃了一點，喝了一點，拿了折返信物，繼續開始折返行程。這是一個先苦後甘的行程。回程有好長一段是下坡路段，若不順著下坡自然的速度，跑起來膝蓋是不舒服的。因此，我的策略是，順勢而跑。跑起來真的舒服，再加上石門水庫沿途的景緻，跑起來真是一大享受。跑著跑著，途中碰到了庭羽，於是開始有伴了，邊跑邊聊，邊照相。此時，時間過得真快，女子組的第一名，一瞬間從我倆的後方呼嘯而過；第二名的外籍女選手也不惶多讓，緊接在後。此刻才真正瞭解，真正選手級的程度在哪兒？

　　最後一段路是平坦的，但也漸漸略感疲憊，只能撐住，筆者在最後的四百公尺，全力衝刺，達到目的地。晶片時間，一小時十五分五十四秒，完成初 11k 的挑戰。跑完後領

取完賽證明書。接著到熱食區享用紫菜貢丸湯、薑湯與米粉。能在寒冷的賽後有這種服務，真是莫大之幸福。永暉說，這比賽補給辦得不錯。由於筆者第一次冬天參加，所以並不是很清楚。但相信常參加的選手，一定有所體悟。在等待團員的過程中，筆者的身體漸感寒冷，於是到車上換了衣服，才稍覺溫暖。因此，這次給我的經驗，若要等待隊友，一定要攜帶替換衣物，以免著涼。

　　緊接著跑 21k 的團員陸陸續續回來，真是令人佩服。大家互相合照，你照我，我照你，不亦樂乎，這台照完，那台照，那台照完，還要照（名模也被抓來照）。亂跑團就是愛照，最後在大喊一聲團呼：「團長好美，喔耶！」下結束。12/07 下星期筆者即將要到「冬戀宜蘭溫泉季－櫻花陵園馬拉松」的礁溪挑戰 23k 路跑，想必又是另一番突破。若能達成，這半年就達成 5k、11k、23k 的短程目標了。喔耶！感恩亂跑團的幹部與團員們。（石門水庫路跑田野日誌 1021130）

三、泡湯、美食是誘因；爬坡、亂跑靠意志

　　當初不知哪來的勇氣，竟然報名礁溪馬。也許是新奇吧？不知天高地厚，做為初半馬。因為此賽事是超半馬 23k；也許是限定四小時較沒有壓力；也許是想要找一個理由去礁溪泡湯，也許是……。

（一）計畫的身體

報名賽事後，筆者很快就訂好了房間，經過亂跑團員推薦的幾家旅店，訂下川湯。原來「川湯」也有分別，川湯溫泉會館，川湯春天，在不同地方。2013 年 12 月 6 日晚上，等老大放學回來（要照顧弟妹），我與內人就出發前往礁溪，大約開了一小時半抵達。在確認川湯溫泉會館是我訂的旅館後，即 check in。之後，開始逛逛市區，隨即去觀察會場位置，買買「等路」。逛著逛著喝了碗當歸羊肉湯，再喝了杯現釀啤酒（芋頭味很重），搭配小菜即回旅館泡湯休息。房間裡的湯池蠻大的，泡起來挺舒服的。睡到半夜突然冷了起來，因為內人把冷氣調到 21 度。四點五十分，起床用泡湯來熱身，五點十五分步行到會場，場內已人山人海，舞台上長官貴賓排排站著歡迎大家，電音三太子也勁歌熱舞起來。真的很用心。當時天色尚未破曉呢？

（二）亂跑的身體

首先全馬的跑者先出發，不到幾分鐘就換我們半馬的跑者出發。跑著跑著，我覺得比筆者平常夜跑的速度還快，覺得不太妙，23k 耶！正在納悶當下，發現一位身高與我相當的跑者，速度與我相似，筆者就跟隨著他一起跑。這時跑起來舒服極了。但好景不常，過了第一個補給站後（喝個水、吃個巧克力、羊羹），開始爬坡了，起初還可慢慢的跑上去，

隨著坡度加大，距離加長，痛苦也漸漸增加。整個雙腿的負擔相當承重，尤其愈高，大腿開始出現不適（也許大腿肌力不夠強壯抑或是上半身太重）；但是風景愈高愈美，想起團長常常告訴筆者的「亂跑精神」，開始邊跑邊拍，增加樂趣。到了第二個補給站，有電音三太子等候，拍照留念。補給品好多，招待的工作人員好熱情，請我們多吃一點，筆者還真多吃了一點，吃完有點跑不動。補給了一顆滷蛋，半截香蕉，一杯水、一杯運動飲料，一片橘子，一小片豆乾。上坡的路段真得辛苦，筆者終於了解，這場亂跑團員報的人怎麼這麼少，是不是這個原因呀！筆者開始上坡用跑跑走走的方式，因為實在腳無法負荷這長距離的爬坡。沿途中，我碰到一位令人敬佩的跑者，他的年紀很大了，還是堅持用小跑步的方式，補給也不吃，雖然與我跑跑走走上坡的速度差不多，但毅力驚人，我用台語向他說：「阿伯，您就厲害呢？」。第一個上坡路段是要到淡江大學，美景不斷出現，所謂「登高必自卑，行遠必自邇。」就是這個道理。人是如此渺小，大自然如此壯麗，真應好好共存共生。

（三）渴望的身體

在跑得過程當中，有位跑者，在我停下來時一直拍我，第一次不覺得怪異，第二次、第三次就覺得奇怪。他問我：「亂跑團要如何加入」筆者回答：「找我們團長」他還知道團長是女的，可見，他多想。在爬上淡江大學的路上，一位年

輕人下來時大喊亂跑加油。此時的我，心想，哇哩勒，亂跑這麼有名。（我身穿亂跑團服）結果原來是，亂跑團成員。（吳士偉，回來後在 FB 相認）過程中，也碰到幾位外籍人士，也會爲還在爬坡的選手喊加油，感覺還不錯！說中文喔！到了淡江大學折返點，他們學校的熱音社正表演著熱門樂曲，補給品出現了張菲代言的「統固安」眞特別，隨手拿了一瓶，一乾而盡。想起小介在石門跟筆者說得話，要吃才會有體力，雖因人而異，但這場，我覺得眞硬，一定要吃。第一個折返點後，是下坡，當然要把握機會衝下去，爭取時間，此時是快速輕鬆。

（四）對話的身體

接著，又開始上坡要往佛光大學爬行，腳步又開始愈來愈沉重，大腿愈來愈不舒服；爬上坡眞的是一種意志力的磨練。好不容易爬上去第二個折返點，薑湯、水、運動飲料、香蕉繼續給他補給下去，方能有好體力完賽。吃完後的下坡有好一陣子很有體力的繼續跑下去，因爲我知道，後面是一條康莊大道，是下坡與平路。在回程過程中，全馬第一名的選手已超過筆者，有前導車在前面引導著他。他的速度還是那麼的快；心想，這些高手，到底是怎樣訓練出來的。

（五）愛比的身體

　　跑著跑著看到最後 6K 的牌子，快到了、快到了，心中想著這距離是 OK 的，慢慢跑、跑得輕鬆舒服就好。在這段距離中，有一位小妹妹，挺能跑的，跑跑停停，有時停下來時似乎很痛苦的感覺。我超過她，她就不服輸的超越我，她停下來用走的，我就超越她並喊加油，她又不服輸的再超越我。小妹妹呀！我幾歲了，您一定要這麼好勝嗎？

（六）疼痛的身體

　　就這樣，跑到了 2K 處，碰到了一開始與我速度相若的跑者，他說他的腳底板好痛，我說我的右大腿快抽筋了。吃完最後一個補給，我開始速度加快的奔跑，因為這是我每天晚上夜跑的距離，我知道我快要到了。沿途中看到專業的攝影大哥，我開始會擺 POSE 讓他們照，這是上次石門馬我換得的經驗。我在學習如何享受比賽，實踐亂跑團的精神，體驗團長的經歷。謝謝團長的鼓勵，總說：「我辦得到，主任您一定也辦得到。」

　　最後，我也要說我辦到了。回到終點的感動，戴上和服美女所獻之獎牌，領取完賽證書，吃完賽後補給貢丸湯、鹹稀飯，稱讚一下最後與我互相尬速的小女生，她微笑回應。（喝貢丸湯時跑來做我旁邊）並與定堯 FB 留言（他與將心比心大約二小時後才回來，將心比心完成初馬），趕緊回飯店泡

湯舒緩一下緊繃的雙腿，十一點退房。離開礁溪，下午老婆小孩還要上課，完成了這次意想不到的比賽，成就感油然而生。謝謝團長、團副們與團員們。（礁溪馬田野日誌1021216）

四、鳶山山徑越野跑挑戰賽

參加路跑賽事也將近半年了，第一次想參加這種山徑越野跑。想參加的原因是因為之前筆者訪問團長參加有關暖冬峽谷的賽事。知道賽事的挑戰性，剛好又距離家不遠，於是我勇敢的報名參加了。比賽的前一天，筆者還特別進行道路的探勘與停車的規畫。希望能夠很順利的抵達會場，這是筆者一貫的做法。

山徑越野跑通常都有外國人來參加，就連廣告 DM 也找來帥氣的外國帥哥來助陣。感覺報名參加比賽後，可以跟他們一樣帥氣有健康。至少，筆者是這麼想的。這時讓筆者想到 2013 年由日本舉辦的第 10 屆的東北亞體育運動史學術研討會，地點選擇在北海道的定山溪。趁研討會空檔，到定山溪旁的小山冒險一下，利用著大自然的拐杖，一步一步爬向未知的領域。途中碰到「山徑路跑」的老外，正做在自我訓練，快速的衝下山，不得不佩服他們的毅力。「山徑路跑」在國外已風行許久，在台灣也開始了有這股風潮；但品質也開始下降，值得深思。

怎麼說呢？由於參賽人數眾多，在一些特別狹窄的山路上，或是較困難的陡坡前，早已是大排長龍，動彈不得。筆者在山頂上塞車，還好帶著防風外套，不然真得要受寒，冬天的山上，冷風呼呼的吹，在筆者的前後好多選手，不停的打著哆嗦，心中暗自幸運。

　　本次參加的亂跑團團員有米姐、施勞大、小介、Fisher、珍霖、紫意、杜薇以及郭一平。小介這次有拿到 ezFun 生活玩家所舉辦的山徑越野賽全勤獎杯，令筆者相當的好奇，原來還有有這種鼓勵的方式。小介一早就將亂跑團的布條掛在帳蓬休息區前供隊員集合辨識，隊員們在開跑前相互交流拍照，結束後大家相互等待，等著大家一同在主舞臺拍照留念，這是一種感動。無論是拿著獎牌和獎狀自拍，抑或是團體成員的合照，都是一種對自我超越的肯定以及對團隊的一種向心力。這種感覺是無法言語的。特別是，日後在社群中看到亂跑團團員在各地征戰的相片與心得，又油然升起一種對團隊的認同感。

　　此次的參與鳶山山徑越野跑挑戰賽，筆者理解了大自然的力量，雖說人定勝天，吾人更應該要體會，山在那兒，人進入山林，呼吸聲、腳步聲與加油打氣聲，與山林融為一體，我們享受山林所帶給我們的正向能量，我們應該要更加謙卑，愛護山林，才有更美好的挑戰賽在前面迎接著我們。

（鳶山山徑越野跑挑戰賽田野日誌 1030119）

五、渣打馬拉松

　　每一場馬拉松，其實都是對自己的再挑戰。挑戰自己的惰性，挑戰自己的能耐。不管經驗的多寡，每一場都要盡情的去享受。今早原以為我很早就到總統府前廣場。沒想到早已人山人海。天色未明，滿場烏鴉鴉的人群，滿滿宅急便的大卡車。寄物的人潮，期待路跑的人潮，主題是公益路跑，為視障者而跑。無論大家的目的為何，能從路跑中也做公益，無非是最佳的體驗。我與松哥錯過了亂跑團集合的時間，也錯過同事佳佑的找尋。但我倆知道，在終點一定能會面。大會舞台進行著儀式性的公益活動。跑者們正摩拳擦掌的準備出發。台北的路相當筆直，人潮衝出非常壯觀。徜徉在平常無法跑步的大馬路上，也算是一絕。絕妙的是，光明正大的在馬路上奔跑，還有警察為您交管。剛開始的過程中，大家好像都訓練有素的樣子，看起來台灣充滿了希望，無論年輕人。中年大叔，或是老年人，女的、男的各各像極了練家子。跑太慢還一直被「刷卡」呢？從平面道路，地下道，高架路段，乃至於河濱公園，路線是多元的；而且這場特別的是起點非終點，所以主辦單位動員了相當大的資源。一早的三十幾台寄物車，回程有大量的接駁車，都使得要辦這場比賽，增添了不少話題。包括：5:30 分前要寄物完畢，回程拖著疲憊的身軀（鐵腿）繼續排隊一小時等著接駁車。一堆人（尤其是一家人），看得出來，只想趕快叫輛計程車，趕緊回家休息，或是回起點騎車或開車。台北的街頭，頓時

變得很有活力。在橋上，名模王麗雅，一身螢光裝扮從我旁邊呼嘯而過。我刻意去追她，速度真快。全身黝黑，果然是練家子。身高快與我相當，這種正面的形象，的確可以改變對名模的評價。結束後，大家找她拍照，她也都和善以對。回程時，碰到她，大聲呼叫，「麗雅」她也報以「恭喜您完賽」的回應，令人高興。唯一的遺憾，我認為，補給站用掉的紙杯相當驚人，我算算，至少一個人可能用掉七到八個紙杯，只要是補給站的附近的地方，地上都是紙杯，我開始認真思考，每位選手是否應自行攜帶環保杯。我的小腰包是可放的；但跑著跑著，紙杯就掉了，但我個人至少有重覆利用多次。結束後，亂跑家庭大家又開始聚在一起，這次大家都到位了，拍照留念，大呼口號，這是溫暖的，不孤獨的，大家平常散布在各地，透過路跑，大家碰碰面，聊聊天，有共同的興趣，每人依照自己的能耐，自己的目標向前邁進，路一直都在，團員們的心也一直都在，有些外放，有些含蓄；不變的是大家的向心力。這星期，亂跑也在全臺各地趴趴走，亂跑像一顆小小的種子，散播歡樂，散播路跑的愛給大家。今早，在總統府前最近的距離，我穿著亂跑的運動背心，親耳聽到一句很大聲的話語「亂跑團！」我不知如何回應，人太多，天太黑，我不知聲音從哪一邊冒出，只有暗爽在心裡。（渣打馬拉松田野日誌 1030223）

六、親愛的我穿裙子路跑

　　Family Run 強調的就是家族的精神，因此，強調三人或五人組成一隊。此次，在家緯的號召下，我告知佳佑，共同組織了一隊。享受一下這一特別又有特色的賽事。凌晨 4:30分，我與佳佑一同驅車前往大佳河濱公園，打算占領車位。今天開車的人，竟然異常的少，我倆五點多到，車位還相當的多，頗令我訝異。首先，來觀察一下場地的布置。場地設有更衣區，這倒是很貼心的一項設計。但就常常路跑的人而言，這算是一奢華的設備。並不多見。各個蓬子都採同一色系，感受到他們莊嚴肅穆的一面。大會今天請來的代言人是林義傑、莊佳容、奧運泳將吳念平。所謂的台灣運動家族。熱身操請來的是天王級的潘若迪老師，他果然有一套，很能帶動氣氛，動作也很特別，口才也一流。此次的第一名獎金80000，第二名獎金 50000，第三名獎金 30000，全被體育大學的小學弟 ABC 三隊所囊括，真是搶錢一族。他們在 10 公里的路程中，以 33 分鐘就能回到終點，真是不簡單呀！今天起跑的時間太慢，八點鐘，太陽已經非常的大，跑起來相當的辛苦。平日體育課，曬太陽的習慣，讓我不致於覺得痛苦，當然，墨鏡發揮了功效。途中看到有一些人抽筋、中暑昏倒，我想都是平日未能在大太陽下運動的關係。一到惡劣的天候，平常吹冷氣吹慣的，一定是不會習慣的。此次大會用的環保杯是玉米杯，厚度夠，又大杯；但是我還是要提一個環保的觀念，補給站我用了三個杯子，3000 人，估計就 9000

個杯子，再加上回來又一個杯子，出發前又使用一個杯子，如此一來，一個人會用五個杯子，這場路跑賽就用掉了15000 個杯子。相當的不環保，我看也少有人會再拿來活動使用。這是路跑賽不得不面臨的一項環保議題。但不準備又不行，跑者不喜歡身上帶一大堆東西，天氣熱沒水喝又不行，所以這是兩難的困境。結束後，太陽真的很大，要領完賽證明，補充水分，真得很辛苦。還好有紀念拍照區，服務完善，相片立刻印製，效率非常快，值得一書。這種家族的拍照，更能顯示家族路跑的精神。回到跑步本身，在跑得過程中，有某一段特別給力，在某一段特別無力，在某時段想用走的，在某時刻想要放棄，您的決定是甚麼，都可以，傾聽自己內的鼓聲，想要在今天有多麼不一樣的改變，或想要在今天做甚麼樣的突破，隨著自己的意志與感覺，去做吧！但是，人生的歷程，時光一去不復返，路跑常常有，人的一生卻只有一次，您人生的一項決定，會改變日後人生的方向，有時很難抉擇，只要了無遺憾就好。夏季的路跑就要開始，鹽分與糖分的補充，開始要特別注意。團友也開始 PO 出一些好東西，全聯有賣，待我去買買看與您們分享。（格蘭菲迪家族路跑賽田野日誌 1030423）

七、我的前所未有

　　這眞是一場我所參加的第一場前所未有的路跑賽。凌晨兩點多起床的我，就這樣梳洗完畢，直接開車前往，凌晨抵達的大佳河濱公園，靜謐無聲，停車位還很多，我繼續我的睡眠，這種路跑的生活，就是在取與捨之間游盪。選擇最好的方式抵達，選擇最好的方式離去。嚴肅的面對每一場賽事，我所說的是提早準備，跑時的輕鬆愉悅，行前規畫的謹愼與保守。今天這場是亂跑家族的大集合，好多好多的團員們，今天來此相聚。一回生兩回熟，在路跑的漫漫長路上，見證的是堅持下去的勇氣，而能跑馬拉松的人，他們的意志，不是一般人所能理解。在數個小時內，不斷的重覆，不斷的重覆同樣的動作，又最原始的本能，在現代社會中已經荒廢許久的本能，只存於原野社會中謀生的本能。因此，可以說，我們在喚醒最原始的本能。

　　紅色的亂跑大軍，這一天，團長、兩位副團長都到了，扛著亂跑大旗，好不威風呀！大旗、小旗迎著風，大夥一起跑的隊伍，就這樣 12 公里，從起點到終點的一直這樣跑下去。攝影師幾乎是爲我們而設，有俊銘大哥、思縈小姐、Jacky，這些熱心的攝影師，爲我們補捉美麗的畫面，何其有幸，爲我們大夥留下最美麗的回憶。歷史的故事，往往是有圖有眞相，也許多年以後，我們已忘記了那一場路跑（因爲跑太多了）；但是，照片可以喚醒我們的記憶，我們在年老之時，可以翻著相片，驕傲的告訴孫子或孫女，阿公以前可是

跑馬選手，雖說不上跑馬好手，畢竟也跨出了好一大步，一起參加台灣這個蕞爾小島下的另類奇蹟。每星期都有路跑，從北到南，好不熱鬧。曾幾何時，路跑變成一項超極夯的運動。（SKECHERS 前所未有路跑賽 GO LIKE NEVER BEFORE 田野日誌 1030406）

八、好個好漢坡

不放棄的人，從來不會問終點還有多遠，只會說愈來愈近！－ 跑友 Faith

2014 年 5 月 17 日在土城的這場路跑可以說是一場山路路跑。所謂的好漢坡相當的陡峭。雖然之前有先體驗過一次；但是第二次仍然覺得相當的艱困。很奇怪的是，成績也只有比平常跑平路 21k 來得晚 10 分鐘左右。當然，跑山路我有一次初體驗在宜蘭，那是 23k，仍然記憶猶新。

雖然大家跑得很辛苦，沿途上仍有熱情的民眾與志工不斷的加油與打氣。補給品也令我意外。有一站竟然有保力達蠻牛、沙士。（在跑時聽到很有趣的對話「我蠻牛喝了三瓶，沙士喝了兩杯，喝完後完全跑不動」）在路跑的過程中，體力與能量陸續消耗完畢，能夠喝上一點，的確對體能的恢復有很大的助益。最後一站，西瓜出現了，眼淚都快要掉下來了。

對於成績不在意的我談不上技術性的層面。但我知道，要跑得輕鬆，仍要靠平時的不斷練習，包括核心肌群的訓練，體重的再減輕。近月來，發現許多跑者的指甲呈現瘀血或掉指甲的現象，透過分享發現，我歸納如下：鞋子太鬆會容易摩擦起水泡，太緊會黑指甲；另外一部分也與跑姿有關，造成腳掌翻動抓地，摩擦力增加，所以調整下腳姿勢很重要。第三點是，選鞋的時候，腳跟要抵著鞋跟處，五根指頭靜止時不會頂到鞋頭，稍微活動趾頭也許還會有空間。綁鞋帶前面適當鬆緊，靠近腳踝處稍微緊固定住腳不會往前滑。

　　好漢坡的下坡方式，很多選手是用倒著走的方式，我試了一下，有點恐怖，大家互相提醒，身體要向前傾，身體要向前傾，以免整個身體滾下去。

　　這個路線我總共跑過兩次，第一次是練習，第二次是正式路跑。二次感覺都不一樣。所以，不同的時間，不同的氛圍，雖然在相同的地點，感受也會隨著有所不同。同樣的旅遊地點，不同的夥伴，不同的時間，當然感受也會不一樣。因此，把握住每一個機會，所有的安排都是最好的安排。共勉之。（金城桐花盃全國路跑賽田野日誌 1030517）

第一部曲　Happy Run：一項運動人類學的研究

九、豔陽高照──66 快速道路

　　這是一場可以說在家鄉辦得馬拉松賽，而且就我所知，這是平鎮市第一次辦的馬拉松賽。因此，不用太早起床，輕鬆面對到會場的壓力。這場比賽團長黑美人、副團長永暉、甘巴茶、邦邦、Alvin Chun、峰任等參加。特別是福崇老師，這是他的初半馬，福崇老師自我訓練已經將近一個月，他是一位可敬的長者，自律又有規畫，每天進行夜跑訓練，假日陪家人登白石山，生活非常務實健康。一早，縣長吳志揚、平鎮市長陳萬得及許多長官等就蒞臨了會場，會場在平鎮高中田徑場，是一個開放式的運動場，因此，腹地相當大。我們東安國小的志工群也在寄物處的地方為大家服務。在跑馬場上能碰到認識的人，真的好親切。而且是志工呢？6月分跑馬拉松是一件相當辛苦的事。炙熱的太陽下，您要對抗的不只是體力與耐力，而是陽光。在快速道路上完全無遮蔽物，主辦單位很用心，灑水車來回灑水，相當用心。補給站有冰水與海綿提供。沿途動員各里里長與志工加油，交通管制非常確實，選手不用擔心與車子爭道，完全高規格的安排。最後一站補給站，我還吃到西瓜，真是令人感動。我與福崇師兩人從頭到尾一起跑，由於福崇師已魔鬼訓練一個月了，他的體力相當好；但是我還是很擔心他，畢竟，他已超過五十歲了，而且第一次就跑半馬 21 公里，我實在擔心他一開始跑太快，我倆邊跑邊聊，累了就用走的，有力氣了再跑。太陽公公實在很賞臉，發出他應有的光芒。回程中，看

到已有選手中暑在 66 快速道路橋上，許多選手正幫著他散熱，此時第一台摩托車巡邏警察看一看就走了，第二台摩托車巡邏警察直接將他載走。我不禁要說，機動性的摩托車巡邏是相當有必要的，尤其是在如此熱的天氣。最後兩公里，我與福崇爲了趕在三小時內完成，開始卯足力量跑，福崇一馬當先，在我之前衝回終點，眞是厲害，不得不佩服他的毅力與執著。事後，大家也認爲應該五點半就應該要起跑，我知道，愈早起跑，無論政治人物、志工、警察與工作人員等，就要更早到會場或分配地點服務，那是一件相當辛苦的工作。換另一角度，早一點跑，工作人員也可早一點回家呀！跑玩後，我和福崇與謝彰文議員致意，並與其合照。志工素珠說：「我們在等主任跑回終點，準備要與主任一齊跑回終點，結果錯過了！」聽了眞感動，萬一是眞的，哇！大家會以爲這是什麼人物呢？這次我穿新買的亞瑟士慢跑鞋跑，襪子穿太短，沒想到後腳跟摩擦破皮以致於流血，一個多星期才結痂。這也是一項經驗，有了好鞋子，襪子也很重要，才能避免無謂的傷害。我已經因爲，鞋子問題受傷過兩次，這也是一種學習呀！（平鎮市 66 快速道路馬拉松賽田野日誌 1030622）

十、荷蘭古道山徑越野賽

　　每一場新的賽事對我來說都是新奇的體驗。「荷蘭古道山徑越野賽」吸引我的地方就是在此。去了多少次的故宮，不知道原來繼續開下去到至善路三段路底，竟然有如此美麗的風景。清晨三點我醒了，很自然的儀式性行為繼續的進行，我喜歡提前到達會場，特別是不熟悉的比賽地點。今天一開始也一直懷疑是否開錯地方，還好，到最後發現了車子愈來愈多，心中也更加踏實。今天的古道爬坡時間相當久，考驗著心肺耐力與肌耐力。有幾度我幾乎受不了停下來休息。我前面一位小姐，一直喊還有多久，可不可以棄賽。我知道，爬得很累，真的很想放棄。但看到大家都一直努力向前衝，自己也不好意思偷懶太久。在溯溪的途中碰到團員崇文，那天他擔任志工，提供了我蠻牛一罐，真是令人窩心呀！古道真的像古道，雖然有部分已人工化，但還是有很多非常原始的路段，山友設計了許多童軍繩供登山客便於攀附，的確是功德一件。回程最後的一個補給站，擺滿了西瓜，冰可樂，真是感動到了極點。人生最大的快樂就是驚喜，沒想當竟然有準備西瓜，真是意料之外，原本已為山徑越野賽都是很克勤克儉的呢？我參加 8.2k，比較早回來，吃完消暑解悶的刨冰，到沖洗室沖涼換衣，感覺相當舒適，這是大會貼心的設計，讓參賽者不回全身髒兮兮，味道臭臭的回家。此行的永暉、定堯、建偉、立升以及其夫人、凱西、Ken、崇文等人的參與，感受到真得不會那麼孤獨。我們互相拍照與團照，留

下美好的記憶。我常常在想是甚麼驅力讓我不斷的前進，不斷的打起精神；原來，是有這群夥伴的陪伴，讓我漸入佳境。跑完下午回到家，腦內嗎啡不斷釋出，覺得相當舒服，好多好多的壓力，好像完全釋放，就算有也覺得還是好舒服，我無法形容這種感覺。只知道，今天的過程非常舒服與幸福。暑假的路跑是相當辛苦的，但山徑路跑這次讓我大感意外，幾乎曬不到太陽，整個過程就是涼爽。大多數時間，聽到我自己的喘息聲，不知道是不是我在四川回來後腸胃仍然不適，體力上覺得並沒有保持在最佳狀態。所以，感受到吃喝玩樂後的一種懲罰。路線的設計也頗也挑戰性，上與下交錯的進行，繩索的攀爬也有其必要。做為一種挑戰真不錯，若是自己去練習，鐵定迷路。若不在意成績，這是相當舒服的登山路線。我已站在起跑點，我戰勝了自己。那您呢？（荷蘭古道山徑越野賽田野日誌1030720）

十一、暖冬峽谷山徑越野跑挑戰賽

今天的賽事會場在基隆的暖暖運動公園。清晨四點起床，梳理後開車前往。還好事前有先印下地圖，手機導航今天下了交流道後，不是很準確，還好沿路指標夠清楚，很順利的抵達會場。抵達會場時，團副永暉、小包、家緯、品萱、正平、珍霖、紫意、阿吉、雅滿、永霈、憲哥等團員陸續到來。穿著黃色帥氣夾腳拖的攝影師俊銘大哥也出現為大

家拍照。經過拍照儀式與團呼，熱身操開始囉！今日的熱身操老師年輕腰又細，她分別爲 15k 與 10k 各示範了一次，從快到慢是一項精心設計的熱身操，我特地拍了下來，最後靜態的伸展，考驗了大家的柔軟度，十分鐘左右的熱身操，讓您汗流浹背，非常有效，這種動態的暖身操，的確溫暖了大家。不過天氣已經很熱了，15K，七點起跑，10K 七點半才起跑有點慢了。今天的人並不多，我覺得很納悶，開始跑得時候，我覺得這是哪一門的山徑越野跑呀，根本是產業道路跑嘛！沒想到最後 3 公里的山徑越野跑，路線狀況那麼糟糕。輔助的繩索也相當的少（與上週荷蘭古道相比），只有不斷利用地形地物進行支撐。7 月 23 日的颱風（麥德姆），以及之後的雷雨，造成了山路的受損與濕滑，也讓今天的參賽者吃足了，苦頭。我滑倒的地方常常是在較平的地方，認爲沒有問題。有問題的地方，我特別注意儘量放慢速度與支撐，反而較無慘事發生。鞋底沾染上了濕土，已無抓地力，若再加上下坡陡峭，眞的讓選手相當難以控制。今天阿吉是我第一個看到 10k 先回程的選手，速度之快，當時我看錶，特別記了一下，是 8:10 分，距離我們出發才四十分鐘而已，況且到折返之路，沿途都是上坡，這個坡早就讓人失去鬥志了，跑到最後，早已經一大堆步兵了。我向折返的選手不斷大喊加油，發揮亂跑團的精神與愛心，大家相互鼓勵。今日大仁（副團長張福仁）在臉書上 PO 了一段文句，非常的美：「主動、被動，不如互動。愛人、被愛，不如互愛。跑在一起是緣分，一起在跑是幸福。請珍惜。」（改編自吳若權）的確是

如此，亂跑團成軍一年多，我以永暉（副團長王永暉）為例，我所參加的路跑，他都是事前公告集合處，占領帳篷，掛上亂跑團布條，招呼大家拍照，喊團呼，完全是為公，無私奉獻，我認同他們，也支持他們，更鼓勵與讚揚他們這些幹部。這真的是一得來不易的幸福呀！山徑路跑，我覺得最需要的是事後的沖洗，還好連續這兩星期的山徑路跑都有沖洗的地方。荷蘭古道較貼心，設有衛浴帳。暖冬有接山泉水，但就地沖洗，對於女性選手較不便利。因為，沖洗完後，會有一種無比的舒暢感，換上新的衣物，穿上藍白拖，不失為一種頂級的享受。此時腦內啡也開始運作，您會感受到無比的幸福。此時，計畫的身體、運動的身體、苦痛的身體、意志的身體、臭味的身體、乾淨的身體、饑渴的身體、愉悅的身體等，在這幾個小時內陸續爆發。（暖冬峽谷山徑越野跑挑戰賽田野日誌 1030727）

柒、跑了就懂：代結論

　　一項運動人類學的研究，沒想到開啟了筆者跑步的人生。您或許問我，研究完了您還會繼續跑下去嗎？當然會，筆者的研究還在繼續，這只是一個階段性的研究。筆者還有

很多路線尚未參與。黑美人團長的馬拉松故事還在繼續，亂跑團的後續發展仍在上演。有些田野，研究者終其一身仍在研究。運動人類學在台灣仍是一項新開發的領域，等待有志之士一起為此而繼續奮鬥。

原本以為，路跑可以為黑美人帶來非常正向的療癒作用；但是經由筆者一年多來的研究發現，與我當初的期待可能有些許的落差。不可否認，路跑的確是帶給黑美人具有正向積極的作用，也讓她接觸到更多的志同道合的夥伴。然而，疾病帶給她太多的苦痛，吾等無法進入到另一層看不到的隱藏世界。我們期待的愈高，也許就失望的更重。誠如日本馬拉松跑者江上剛：「我認為馬拉松對改善憂鬱症很有效。我本身雖未經醫生確診罹患憂鬱症，但我在陷入憂鬱時，卻因馬拉松而得救。雖說有無罹患疾病宛如天壤之別，但與其依賴藥物治療，練習馬拉松對恢復健康必定有更大的助益。」[26]筆者認為，總是有正向的作用。

在這項「人物-團隊-自我敘說」的三重研究中，筆者看到人的無限可能，也看到了人的脆弱，人的無助與無奈。特別是一種不可逆的疾病因素，帶給您一輩子揮不去的感傷。她重生了嗎？亂跑團誕生了？筆者呢？這些人生哲學的問題，一直引領著我去思辨人生的意義與價值。

神話學大師喬瑟夫‧坎伯（Joseph Campbell）：「英雄要

---

[26] 江上剛，《我 55 歲，決定開始跑馬拉松：獨自的起伏中，我找回人生步調，你呢？》（李佳蓉譯）（臺北市：大是文化，2013），3。

從心理上不成熟的狀態，進化出自我負責、自信的勇氣，需要一次死亡與再生。那就是所有英雄歷險的基本主題，也就是脫離某種境界並發現生命的來源，以將自己帶入另一個多采多姿而成熟的世界。」[27]筆者以為亂跑團的成員都是自我的英雄，筆者所學習效法的英雄們，他們跳脫了某種境界，引導自己進入了一個「入身」（Einleibung）的境地。我們都創造了自己的歷史價值。[28]此外，從身體的歷史來看，自 20世紀 1970–1980 年代以來，身體的自主性加強，想要遠離傳統的運動體系，更親近自然，路跑者偏愛集體的探索這種廣泛、可自由發揮的，每個人可以實現自己的比賽。[29]

透過亂跑團的研究，我們可以知道，除了競技性的運動外，大多數的普羅大眾是熱愛運動的，顛覆了以前所謂競技性馬拉松的觀點。人人都有權力爭取自己的運動選擇。提供舞臺，放寬標準，不求速度，只求健康、歷程、歡樂與自我超越，觀照自身，鼓舞他人，這才是我們要的全民運動價值觀。

---

27 喬瑟夫‧坎伯（Joseph Campbell），《英雄的旅程：神話學大師喬瑟夫‧坎伯（Joseph Campbell）的生活與工作》（梁永安譯），（臺北縣新店市：立緒文化，2001），9。
28 赫爾曼‧施密茨（Hermann Schmitz），《身體與情感（Leib und Gefühl）》（龐學銓、馮芳譯譯）（杭州：浙江大學，2012），35。Schmitz 指出，超越單獨的各自身體，身體結構的協調，局部與整體不變的對話，這種身體的感覺就是「入身」。例如：運動比賽中，觀眾被現場氛圍感染，如同身臨其境，便會不自主的動了起來。
29 喬治‧維加埃羅（Georges Vigarello），〈鍛鍊〉收入於讓-雅克‧庫爾第納（Jean-Jacques Courtine）主編之《身體的歷史（卷三）》（孫聖英等譯），（上海：華東師範大學，2013），136。

透過親身的參與，筆者發現身體有好多層次的變化，包括：計畫的身體，亂跑的身體，渴望的身體，對話的身體，愛比的身體，疼痛的身體，成就感的身體。最後到達詩意身體的巔峰。這些身體覺知，有時個別出現，有時交替出現，身體是一種中介的介質，引領您邁向更高層次心靈的體悟，那有是一種超脫。否則，跑者為何不斷再追求另一場跑馬賽事，透過不斷的超脫與超越，我們就獲得了另一項重生的機會。

　　誠如賈克・樂寇（Jacques Lecoq）：「我喜歡跑步，但最讓我著迷的是由運動所傳遞的詩意：當田徑場上跑者被太陽拉出或細長或壓縮的影子時，當一種韻律慢慢出現在跑步之中時，我深深地體驗了這屬於運動的詩意。」[30]這一種跑步韻律的降臨，釋放出愉悅的身體感動，無論當下與事後回想，就是一種詩意身體的展現。路跑的文化正在形成。鈴木忠志（Suzuki Tadashi）：「在日常生活裡，我們對足的感覺很少，總認為身體自己能夠站立，因為我們對足與土地的關係一點感覺也沒有。但是當我們重踩的時候，了解到身體透過足與地面建立了密切的關係，地面與身體不是完全分開的個體，我們是土地的一部分。」[31]足部的運用在路跑的運動

---

[30] 賈克・樂寇（Jacques Lecoq），《詩意的身體（Le Corps poétique）》（馬照琪譯）（臺北縣新店市：桂冠，2005），3。筆者以為賈克・樂寇所傳達的意境是一種特別的感受，需要讀者細細品味。

[31] 鈴木忠志（Suzuki Tadashi），《文化就是身體》（林于竝、劉守曜譯）（臺北市：中正文化，2011），12-13。鈴木忠志在訓練演員的方法裡，特別強調足（feet）的部分。因為他相信身體跟地面溝通的意識，能喚醒整

中，是一相當重要的部位。亂跑團中有兩位赤腳大仙，甘巴茶與辛小健，他們常常赤足在馬場上奔馳，看到的人常常驚訝萬分。一個回歸原始的初衷，將人類身體的感知與表達能力發揮到極致，身體提供了基本的溝通方式，將曾經被「肢解」的身體功能重組回來，讓我們進一步擁有文化的文明。[32]

　　筆者這一多年來，因爲路跑活動，結交許多志同道合的夥伴，並參與路跑社團活動。這些跑友並非以前就是選手，甚至回想過去求學生涯，談起跑步就臉色大變的大有人在。爲什麼這些人願意跑出來？原來，自從有了「全台瘋路跑文化」，大家開始走出來，認識跑友，互相鼓勵打氣，交流新知，進而組織團體。2013 路跑年總場次超過五十場，再創高峰。有些路跑活動，已與地方觀光休閒活動互相結合，商機無限。使得台灣路跑活動，整個活化了起來，這蕞爾小島創造的奇蹟還眞不少。若能持續下去，台灣一定能「跑出特色，跑出世界」。

　　當路跑活動滲透到民眾的生活圈內，路跑文化將逐漸形成。只是，文化的形成需要長時間累積；馬拉松文化已傳承千年，台灣的路跑文化，正待開拓與成型。透過不斷的對話與書寫；相信必能更加精采。

個身體功能的覺知。筆者深表贊同並借用其觀點，路跑又何嘗不是如此呢？

[32] 鈴木忠志（Suzuki Tadashi），《文化就是身體》（林于竝、劉守曜譯）（臺北市：中正文化，2011），9。

最後，希冀這篇研究，讀者可感受到路跑者的呼吸聲、心跳聲、加油聲，嚐到鹹鹹的汗水與久旱逢甘霖的滋味，聞到大自然山林清新的空氣與蟬聲，體驗到人與人之間相互擁抱的那種悸動以及那感人肺腑之畫面。在筆者分享的過程中有那麼一點感動、激勵、啓發與重生之感。那麼亂跑團的精神，將帶領讀者實踐夢想。如此，這篇實際研究成果將更有意義。穿上跑鞋 Run Happy 吧！

做自己的英雄
路跑民族誌三部曲

引用文獻

文崇一,〈調查訪問法〉,《社會及行為科學研究法(下冊)》, 楊國樞等編,臺北:臺灣東華,1997。

古塔(Akhil Gupta)、弗格森(James Fergusun),《人類學定 位:田野科學的界限與基礎(Anthropological Location)》(駱建建等譯),北京:華夏出版社, 2005。

李光真,〈王浩威走出憂鬱四部曲:一位精神科名醫最赤裸的 告白〉,《商業周刊》,1273(臺北,2012.04.16-0422): 124-135。

江上剛,《我55歲,決定開始跑馬拉松:獨自的起伏中,我 找回人生步調,你呢?》(李佳蓉譯),臺北市:大是 文化,2013。

村上春樹,《關於跑步,我說的其實是……》(賴明珠譯),臺 北:時報文化,2008。

成虹飛,〈報告書寫的困境與可能性:寫給愛好質化研究的朋 友〉《新竹師院學報》12(新竹,1999.2):27-42。

費孝通,〈繼往開來,發展中國人類學〉,《人類學本土化在中 國》,榮仕星、徐傑舜主編,廣西:廣西人民出版社, 1998。

傑洛・柯雷斯曼（Jerold J. Kreisman M.D.）、郝爾・史卓斯（Hal Straus），《愛你，想你，恨你：走進邊緣人格的世界（I hate you, don't leave me : understanding the borderline personality）》（邱約文譯），臺北：心靈工坊，2011。

保羅・梅森（Paul T. Mason, M.S.）、蘭蒂・克雷格（Randi Kreger）著，《親愛的陌生人：給邊緣人格親友的實用指南（Stop Walking on Eggshells: taking your life back when someone you care about has borderline personality disorder）》（韓良憶譯），臺北：心靈工坊，2010。

賈克・樂寇（Jacques Lecoq），《詩意的身體（Le Corps poétique）》（馬照琪譯），臺北縣新店市：桂冠，2005。

鈴木忠志（Suzuki Tadashi），《文化就是身體》（林于竝、劉守曜譯），臺北市：中正文化，2011。

喬治・維加埃羅（Georges Vigarello），〈鍛煉〉收入於讓-雅克・庫爾第納（Jean-Jacques Courtine）主編之《身體的歷史（卷三）》（孫聖英等譯），上海：華東師範大學，2013。

赫爾曼・施密茨（Hermann Schmitz），《身體與情感（Leib und Gefühl）》（龐學銓、馮芳譯譯），杭州：浙江大學，2012。

喬瑟夫・坎伯（Joseph Campbell），《英雄的旅程：神話學大師喬瑟夫・坎伯（Joseph Campbell）的生活與工作》（梁

永安譯），臺北縣新店市：立緒文化，2001。

關家良一，《跑步教我的王者風範：關家良一熱血自傳》（葉
　　東哲、鄭舜瓏譯），臺北市：遠流，2012。

陳致嘉，〈開啓療癒馬拉松之門——CoCo〉《Running 跑步生
　　活》，3（臺北，2013.11）：102-103。

Blanchard, Kendall., "Anthropology of Sport: Theory and Method,"
　　The Anthropology of Sport : An Introduction ,Connecticut:
　　Bergin & Garvey, 1995, 61-93.

Frederickson, F. S., "Sports in the cultures of man," *In Science and
　　medicine in exercise and sports*, ed W.R. Johnson, New York:
　　Harper and Row, 1960, 633-638.

Kathryn Anderson and Dana C. Jack, "Learning to Listen: Interview
　　Techniques and Analyses," *Women's Words: The Feminist
　　Practice of Oral History,* ed. S.B. Gluck and D. Patai, New
　　York:Routledge, 1991, 11-26.

Marcus, George E., "Ethnography in/of the World System : The
　　Emergence of Multi-Sited Ethnography ,"*Ethnography
　　Through Thick and Thin*, Princeton : Princeton Univ. Press,
　　1998, 79-104.

（本文原刊載於 文多斌，〈Happy Run：一項運動人類學的研
究）〉，《臺灣體育學術研究》，總刊期第 57 期（桃園，
2014.12）：71-116。【原體育學院論叢】）

第二部曲

路跑民族誌：從 5 公里到 54 公里
（2013-2017）

路跑民族誌：從 5 公里到 54 公里（2013-2017）

摘要

　　本研究旨在探索臺灣路跑運動的文化現象。經過筆者三年多的親身路跑見證與田野筆記的觀察與紀錄；從 5 公里的初體驗到 54 公里的超馬挑戰，透過實踐與反思的研究對話，完成了本篇民族誌的書寫並歸納出五大路跑運動的文化現象：路跑社團的相繼成立、運動傷害的無所不在、馬拉松的商機無限、秀異路跑人的玩心與淬鍊生命的價值。這些現象的發生皆根源於一種自我追尋與夢想的實踐，希冀能朝向更快的速度與更遠的距離邁進。

關鍵詞：現象學、超級馬拉松、人類學、民族誌、路跑

Running Ethnography: From 5 to 54 Kilometer (2013-2017)

Abstract

The purpose of this study is to explore a running culture in Taiwan. After more than three years of personal running experience and taking field notes of what I have been observing and witnessing , from the earliest 5 km to the final 54 km challenge, through the practice and reflection of self-dialogue, this ethnography was finally accomplished and summed up the five cultural phenomena of road running sports : road running societies being set up one after another, various kinds of sports injury, the unlimited marathon business opportunities, unveiling different phases of runners' playful heart and refining the value of life. These phenomena are derived from self-pursuit and the self-fulfillment of dreams, hoping to be a faster and longer-distance runner.

Keywords: phenomenology,   ultramarathon,   anthropology, ethnography, running

壹、緒論

筆者從 44 歲中年大叔的年紀開始路跑，一開始只是為了做研究；但是沒想到研究的愈深入，對於路跑賽事也愈加投入，所想要發掘的問題與現象也愈來愈多。[1]筆者所要強調與呈現的是非選手級的、業餘的、平民式的運動文化，是活生生的存在普羅大眾之間的運動文化。第一階段的文章從「人物－團隊－自我敘說」三重視點記錄著 2013.08.10-2014.07.27 筆者所參加與觀察的路跑賽事。從書寫、發表到刊出，至今已將近三年多。研究內容，從一開始的亂跑團團長、亂跑團研究與筆者自述，是筆者所完成的第一階段研究。文末，筆者很清楚的告訴讀者：

> 一項運動人類學的研究，沒想到開啟了筆者跑步的人生。您或許問我，研究完了您還會繼續跑下去嗎？是的，筆者的研究還在繼續，這只是一個階段性的研究。筆者還有很多路線尚未參與。黑美人團長的馬拉松故事還在繼續，亂跑團的後續發展仍在上演。有些田野，研究者終其一身仍在研究。運動人類學在臺灣仍是一項新開發的領域，等待有志之士一起為此而繼續奮鬥。[2]

---

[1] 文多斌，〈一起跑出臺灣奇蹟〉，《聯合報》，2013.12..20，A19 版。
[2] 文多斌，〈Happy Run：一項運動人類學的研究〉，《臺灣體育學術研究》，57（桃園，2014.12）：112。

因此,出刊後這二年多來,筆者仍繼續以實際親自體驗路跑、觀察與田野日誌的書寫,不斷的進行第二階段的研究。筆者認為,唯有透過自身的體驗、反思與觀察,書寫出的文章才能更加的真實與深入。

這個過程,筆者以為像是遊戲一樣,遊戲於路跑田野之間。最後,將路跑過程的日常紀錄與思想行為,透過長期的觀察、訪問、自我敘說與互動,建構出這篇主題。更有甚者,將民族誌作為文化人類學的本質,本篇研究更是展現出筆者的企圖心,希冀能將運動人類學更有意義的呈現於多元的臺灣體育運動界。是以,本研究以筆者為軸心,將馬場(馬拉松賽事的場域)上的點點滴滴,透過自身的實踐與不斷的自我挑戰,完成本篇民族誌的書寫。更進一步說,運動文化的研究,我們需要的是極具彈性的研究方法。[3]特別是捕捉有關運動生活的文化。

---

3 格雷(Ann Gray)著,《文化研究:民族誌方法與生活文化(Research Pracyice for Culture Studies: Ethnographic Methods and Lived Culture)》(許夢云譯),(臺北縣永和市:韋伯文化國際,2008),29。Gray 談到文化研究「浸入」(immersion)所影響知識論價值是有影響的。

貳、理論與方法

　　民族誌是什麼？筆者以為用現今的角度觀之，是用田野的方式記錄一個團體中人的生活方式。並解析其與文化中的人、事、時、地、物各因素之交互影響過程。研究者必須以「長時間參與」、「長時間觀察」或「訪談」的方式蒐集資料。所以，總結來說，民族誌是指觀察和描述文化和文明的現象。[4]因此，除了努力觀察，還要用心解釋。民族誌也是一個被不言明的敘事結構所指引，藉由一個故事告訴人們我們所做的研究。[5]筆者的企圖亦是如是，這個故事就是由筆者開始。

　　那麼筆者如何選擇田野的地點？「人文世界，無處不是田野。」意思就是說，人類學傳統的田野地點，已不是一個空間或地理上的概念，不再是一個地點（Site）而已，是一種方位（Location），既是空間的維度，也是時間和歷史的維度。[6]是以多種方式綜合性地去瞭解不同地點、不同群體和不同困境的整體知識捷徑。[7]這種論點，在當今有可能成為一種

4　拉德克利夫-布朗（A.R.Radcliffe-Brown）著，《社會人類學方法（Method in Social Anthropology》（夏建中譯）（北京：華夏，2001），30。
5　Edward M. Bruner, "Ethnography as Narrative," *The Anthropology of experience*, ed Victor Turner and Edward M. Bruner（Chicago: University of Chicago Press, 1986）, 139-155.
6　黃劍波，〈何處是田野？人類學田野工作的若干反思〉，《廣西民族研究》，3（廣西，2007.9）：70。
7　古塔（Akhil Gupta）、弗格森（James Fergusun），《人類學定位：田野科

體系。[8]因為，多點田野（Multi-Sited）是必然的趨勢。這種的論述與觀點，剛好能配合筆者的多地點式的田野工作，所謂的馬場，分布在各地，筆者必須追隨著研究場域，找到最適當的時間與地點進行研究與觀察。[9]筆者也盡可能的開發各種不同的田野地。

　　這篇研究更可以說是由下而上的現象學研究。[10]這由下而上的意思是，透過實踐觀察而得的，而非沒有經驗內容的先天形式（即紙上談兵）。現象學的「事」或「物」是指在我們意識上呈現出來，能被我們直接經驗的東西。其次是回到現象直接呈現的狀態，最後是「預示」不顯現的部分。[11]因此，本篇的學理基礎採用現象學擱置（放下預設、全新出發）、本質還原（看透殊相、找到本質）、超驗還原（超越經驗、反身觀看）與現象學描述（不多不少、如實勾劃）的現象學方法。[12]正如莫里斯・梅洛龐蒂（Maurice Merleau-

學的界限與基礎（Anthropological Location）》（駱建建等譯）（華夏出版社，2005），40-45。

8　George E. Marcus, "Ethnography in/of the World System: The Emergence of Multi-Sited Ethnography," *Ethnography Through Thick and Thin* (Princeton: Princeton Univ. Press,1998), 82.

9　文多斌，〈Happy Run：一項運動人類學的研究〉，76。

10　艾希柏（Henning Eichberg）著，《身體文化研究──由下而上的人類運動現象》（李明宗、莊佩琪譯）（新北市：康德，2015），85-101。請參閱第三章〈回歸（運動的）現象或回歸現象學-論現象學的現象學〉一文中的精采論述。艾氏認為，現象學研究是盡力於「深度描繪」及「由下而上」的理解。

11　劉一民，〈臺灣運動現象學研究底蘊探源──哲學、方法與生存實踐的導入〉，《運動文化研究》，27（臺北，2015.12）：7-45。

12　劉一民，〈臺灣運動現象學研究底蘊探源──哲學、方法與生存實踐的導入〉，7-45。本篇文章讓筆者有豁然開朗之感，因此，鼓起勇氣大膽嘗

Ponty）所說：「應該指出，現象學對於文化人類學來說是必須的應用哲學，因為它不斷呼喚、喚醒文化人類學者回復自身，回復到他們認識得以產生的源頭。也就是說，提醒他們重新審視作為理解那種原始觀念而加以運用的手段──由自身文化所構成的觀念。」[13]筆者試著綜合運用這些概念，希冀讓本文更具有深度。本章論文共分五大段：第一段「緒論」說明本研究的背景與目的；第二段說明是理論與方法；第三段回顧馬拉松研究的學位論文，最後提出本研究的定位；第四段則筆者從 5 公里到 54 公里的路跑親身經歷體驗，並針對路跑現象所作的闡釋；第五段結論提出本研究的總結與省思。

試本篇現象學與人類學的結合應用。回應劉氏所言：「我們期待，臺灣體育學術界有機會重返『人』和『運動』之間的親密體驗，在現象學映照下的『本質追尋』、『超驗反思』、『存在體驗』、『詮釋旨趣』、『發生奧秘』、『實徵的具體』以及『系譜的想像』中，透顯運動生活世界級學術研究，生靈激動的潛質。」

[13] 莊錫昌、孫志民主編，〈現象學與文化人類學〉，《文化人類學的理論架構》（臺北：淑馨，1991），257。梅洛‧龐蒂的「理解」是以信賴並與居民融為一體的「理解」，而非只是參與活動、雖然知道或了解部落的情形，這不是真正的「理解」，因為無法擺脫自身的主觀經驗和局限。

參、馬拉松相關學位論文研究回顧

　　關於馬拉松的學位論文，筆者依據國家圖書館搜尋臺灣博碩士論文加值系統，關鍵字輸入馬拉松，共搜尋到 161 筆資料。剔除 10 筆無關資料，共 151 筆。[14]

表1　國內馬拉松相關學位研究論文分類

項次	論文類型	論文關鍵字	篇數
一	技術訓練	技術報告書、成績分析、預測、分段配速、時間模式、擺臂動作數學模式、動作技術、訓練	14
二	管理行銷	賽事行銷、贊助、運動觀光、專案管理、繳款機制、品牌消費、品質服務	33
三	動機行為	社群參與、動機、涉入程度、賽會滿意度、幸福感、行為模式、成功因素、態度、認同感、認真休閒	37
四	賽會效益	賽會效益分析、統計、評估	8
五	資訊科技	資訊相關、智慧手機運動 APP、GPS 運動表、虛擬社群、無限射頻技術、路線導覽、行動定位、虛擬教練	9

---

[14] 剔除的論文為農藥用品馬拉松（malathion）及群益馬拉松基金等同音字。

六	生理防護	運動生理、運動傷害、電子心力、病況危險、膝關節傷害、下肢肌肉、心肌損傷、心率變異、發炎反應、低血壓、血漿、尿量、抗氧化、自由基、荷爾蒙、細胞、腎臟、能量代謝、無氧閾值、乳酸閾值、唾液免疫球蛋白、穀氨醯胺	25
七	賽事認證	賽事標記、國際賽事認證、評鑑指標、路線規劃及演變	4
八	語言文字	翻譯策略	1
九	生命經驗	身體經驗、自我敘說、生命故事（個案研究）、參與歷程	20

資料來源：筆者整理國家圖書館臺灣博碩士論文加值系統，2017.02.08。

由**表 1** 國內馬拉松相關學位研究論文分類得知，筆者將馬拉松研究的面向分為九大類。這九大類其實可顯示出 1986 年至 2017 年初期的研究現象：多面向的課題、專業的探究以及邁向國際化的努力。更展現出體育運動學術界的多元思考力。

以時間序來分析：最早的有關馬拉松研究為 1986 年張瑞泰的〈跑步經濟性和無氧閾值對馬拉松成績的影響〉，由國立臺灣師範大學體育研究所林正常教授所指導。1999 年第二本許績勝的〈馬拉松〉學位技術報告書，由國立體育學院教練研究所陳全壽教授所指導。1980-1990 年代就此二本技術與生理方面的學位論文產出。2000-2010 年代占了 30% 研究

量。一直到了 2011-2017 年的研究論文，更達 68% 的研究量。顯見馬拉松風行的現象，間接的也促進了相關研究議題的成長。

另以筆者所整理歸納的九類析之，前八類分為：技術訓練、管理行銷、動機行為、資訊科技、生理防護、賽事認證、語言文字。其中，管理行銷共 33 篇，占了 21%。休閒行為動機共 37 篇，占了 24%。這二類論文合計，高達 45%。究其原因，乃是 1980 年代中後期，運動產業逐漸興起，舉凡運動管理、運動行銷、運動休閒等，爆發了多元的體育運動思潮，體育運動學術分科化與國際化等原因，馬拉松學位論文的研究因此也搭上了這股熱潮。

第九類的生命經驗類，筆者更細分為身體經驗、自我敘說、生命故事（個案研究）、參與歷程四項，共 20 篇，占了 13%。有關此四類研究，自劉一民教授開發身體經驗研究以來，許多學位論文開始出現，許多運動人文方面的研究者開始投入有關運動「人」的研究。劉氏強調，運動員的身體經驗是非常寶貴的，應該要敘說出來，讓大家能夠理解與探討。於是，有關馬拉松運動的論文，不再只有科學與技術的探討，管理與休閒的盲目追逐；以「人」為中心的身體經驗、自我探索與生命經驗的哲學對話得以彰顯。

因此，更進一步來看，本研究是以人類學的方法探究臺灣馬拉松的文化；簡單的說，文化就是生活的表現。事實上這種研究方法，可以讓更多的讀者容易進入馬拉松的世界，這是本研究的亮點之一。此外，**表 1** 筆者所臚列的各個類型

也有助於筆者在實際的田野地中更能細膩的入微觀察。是以，本研究以同屬性的身體經驗、自我敘說與生命故事做為進一步的回顧；再輔以整體現象的觀察加以記錄與探討，最後完成貼近生活，激勵人心的民族誌。以下列舉部分學位論文，讓讀者能更進一步瞭解有關「人」的運動哲學，體會到馬拉松運動生命經驗中不同層次、不同感動的篇章，畢竟所有的研究到最後仍須回歸到「人」的境界。

一、身體經驗

「跑步是跑者自我實現及心靈修練的方式。」2006 年吳百騏的〈跑出生命的樂章：二位跑者參與馬拉松的生命故事〉，本論文為第一本敘說馬拉松身體經驗與生命故事的學位論文。吳氏透過跑步與研究的對話發現跑步的身體經驗有「寧靜、流暢、尋找自我、天人合一、苦痛、枷鎖、矛盾…等」，這些聲音豐富了吳氏的生命也重新認識自己，並更有力量面對未來的挑戰。[15]

2007 年劉彥良〈高齡馬拉松選手的經驗敘說〉本研究是探究兩位高齡67歲、68歲的跑者參與馬拉松的身體經驗。研究發現：馬拉松對於二位高齡者是維持身心平衡的方法，而

---

[15] 吳百騏，〈跑出生命的樂章：二位跑者參與馬拉松的生命故事〉，（臺北：國立臺灣師範大學體育學系在職進修碩士班碩士論文，2006），摘要。

且人際互動增加，朋友遍及各年齡層，也因為有健康的身體，獲得家人的認同，讓生活更有品質。[16]

　　2012 年沈聖傑〈敘說視障馬拉松選手與陪跑員之跑步經驗〉以探索視障馬拉松選手與陪跑員之「跑步經驗」，採用敘說探究進行研究，以後天視障馬拉松選手為研究參與者，以深度訪談為主要蒐集資料方法、參與觀察、相關文件並撰寫研究者日誌等完成本論文。[17]

二、自我敘說

　　2014 柯捷瀚〈跟自己賽跑的人——我的馬拉松經驗敘說〉作者以「我」為觀點描述一位業餘馬拉松跑者如何從「減重」為初心到挑戰人生馬拉松路跑賽事。從抗拒跑步、自我懷疑、欣然接受、沉溺其中、融於習慣、挑戰自我等轉換變化過程對於自我的描述。透過敘事故事的發展，忠實呈現挑戰馬拉松過程中的流汗、艱苦、鬱悶、興奮、痠痛及滿足的過程。[18]

　　2016 年陳雅芬〈用累積創造奇蹟——人生馬拉松自我敘

16　劉彥良，〈高齡馬拉松選手的經驗敘說〉，（臺北：國立臺北教育大學體育學系碩士班碩士論文，2007），摘要。

17　沈聖傑，〈敘說視障馬拉松選手與陪跑員之跑步經驗〉，（臺北：臺北市立體育學院運動教育研究所碩士論文，2012），摘要。

18　柯捷瀚，〈跟自己賽跑的人——我的馬拉松經驗敘說〉，（臺北：國立臺灣師範大學運動休閒與餐旅管理研究所碩士論文，2014），摘要。

說〉訴說自己人生馬拉松的因緣際會，如何從「玩」跑步的門外漢躍升成爲臺灣女子馬拉松歷年排名第十位的專業運動員。本文採用敘說探究，以馬拉松起點、菜鳥、獵人、跑者，四大時期串連自我人生馬拉松的故事，經歷了千波百折的淬鍊，成就了人生馬拉松的精彩，並從中成功找到自我價值與未來志向。[19]

三、生命故事

2010 年黃啓誠〈敘說業餘馬拉松跑者的執著經驗〉透過三位業餘跑者生命故事的陳述，瞭解他們從長期參與的訓練及比賽環境的束縛中破繭而出，創造出業餘跑者馬拉松運動參與的特殊經驗，是一種堅持、一種毅力、一種對熱愛運動的執著。[20]

2015 年李宗儐〈一個馬拉松跑者的自我敘說：從運動經驗看父親與我的生命故事〉本研究以父親與作者的生命故事爲主體，採用質性研究的自我敘說法。最後作者看淡人生的輸贏給了作者前所未有的自由，不再自我設限，而且相信自己永遠可以有所選擇：可以忘懷勝利與失敗，選擇和自己比

---

[19] 陳雅芬，〈用累積創造奇蹟——人生馬拉松自我敘說〉，（臺北：臺北市立大學運動教育研究所碩士論文，2016），摘要。

[20] 黃啓誠，〈敘說業餘馬拉松跑者的執著經驗〉，（臺北：國立臺北教育大學體育學系碩士班論文，2009），摘要。

較，或者更積極的選擇「無我」，只是用馬拉松激勵他人，用不斷的跑步達成「利他」。最後，一直苦苦追尋父親身影的作者，在終點線的那一頭找到了全新的自己，不必再活在別人眼中的自己。[21]

四、參與歷程

2008 年許智雄〈敘說探究——超馬跑者林義傑橫越撒哈拉沙漠之歷程與意義〉以質性敘說探究的研究方法，透過參與觀察以及深度訪談，探討超馬跑者林義傑在歷經 111 天，橫越 7500 公里撒哈拉沙漠之歷程與意義。這些意義分別是一、完成自我實現之夢想。二、幫助非洲居民，並達到教育世人互助、關懷的意義。三、體驗不同的人生意義。四、完成社會期許，橫越歷程的完成，凸顯了個人與臺灣堅毅的精神。[22]許氏將當時的臺灣之光完整的紀錄下來。

2013 年張桂婕〈馬拉松跑者跑步時內心歷程之探討〉本研究主要探討馬拉松跑者於跑步時之內心所感所思之歷程。研究對象為 10 位男性熱愛跑馬拉松且平日規律練習之跑者，以半結構訪談大綱，深入訪談方式，挖掘出支持馬拉松跑者

---

[21] 李宗儕，〈一個馬拉松跑者的自我敘說：從運動經驗看父親與我的生命故事〉，(高雄：國立高雄師範大學體育學系碩士論文，2015)，摘要。

[22] 許智雄，〈敘說探究——超馬跑者林義傑橫越撒哈拉沙漠之歷程與意義〉，(臺北：臺北市立體育學院運動教育研究所碩士論文，2008)，摘要。

不斷往前奔跑的那股神奇力量與內心感受的參與歷程。[23]

　　2017 年張景盈〈百場馬拉松跑者經驗敘說〉，探討了這幾年來參加馬拉松的人群有了極大的轉變，除了菁英選手之外，大量業餘跑者也不斷進入馬場。在這股發展趨勢下，形成越來越多規律性馬拉松跑者達成一百場、二百場、三百場甚至更多場次的輝煌參賽紀錄，他們不僅僅是追求身體健康而已，完成百馬更是人生重要的里程碑。因此，現在的馬拉松賽不再是一場單純的比賽，它被許多跑者賦予新的意涵與挑戰性的趣味。[24]

　　綜上所述，2006 年開始，馬拉松已經開始有了「人」的自我探索，「身體經驗」，從身體出發，更進一步瞭解自己的身體，業餘型與高齡者的跑者開始被重視，視障選手的運動權利與陪跑者的實際關懷也被重視。「自我敘說」，用累積創造奇蹟的女跑者，將運動員的身體與運動生命敘說出來，業餘跑者的進化經歷，除了是一種反思也是一種療癒。「生命故事」，執著經驗的啟示、親情之間感情的釋懷與突破皆令人印象深刻。「參與歷程」，專業超馬傑出選手的研究、跑步者內心的歷程、完成百馬的勇士們的奮鬥歷程也開始成為新興的議題。最後，與這些正能量的研究論文，更指引著筆者完成本民族誌的動力。本研究的貢獻在於補足學術界未能以人類

---

[23] 張桂婕，〈馬拉松跑者跑步時內心歷程之探討〉，（桃園：國立體育大學體育研究所碩士論文，2013），摘要。

[24] 張景盈，〈百場馬拉松跑者經驗敘說〉，（臺中：國立臺灣體育運動大學體育研究所碩士論文，2017），摘要。

學的方法探究馬拉松或路跑文化現象研究上的闕漏，除了是筆者生命經驗的闡釋，也是以田野日誌爲基礎，進行排比、分析、歸納，以便找到表象世界的文化意涵的代表作。

肆、路跑的文化現象

從 2013 年 8 月 2 日的五公里路跑開始，2017 年 1 月 8 日鎮西堡五十四公里超馬爲止，筆者共花了將近三年五個月才達成目標。這期間大大小小共跑了五十三場有主辦單位正式辦的賽事，每一場都是很認眞的去面對。用自己的方式、自己的速度，一步一步的達成。過程中的酸甜與苦辣，都已化爲田野日誌所紀錄。這是一個非選手級的體驗歷程與研究。是一種生命經驗的實踐，筆者不得不振臂歡呼！分享這段美好的研究經驗。

> 這是一場我第一次參加的賽事，休閒組。……這場看到了許多家庭一起參加的畫面，是我當初報名無法想到的事。路跑真的已深入到如此境地，令人無法小覷。休閒組 5k 是最後起跑，我用我的速度慢慢地跑，想要好好享受一番；但是很奇怪，就是有很多人想跟您比，一下跑

一下停，這樣會不會太辛苦。看來，他們也是菜鳥，雖然我也是菜鳥，但我仍保持我一貫之速度，也就是在學校操場的速度八分速（每公里八分鐘）。……最後完成了我第一次的路跑賽。落寞的是跑完甚麼都沒有，沒有完賽證書，沒有獎牌；原來看人家拿獎牌是這麼爽的事。原以為我會跑得很吃力呢！也許是工作的壓力沒了，整個人心情都放開了，覺得好舒暢的感覺；也正因為如此，促使我在下次比賽向 10k 的夢想挑戰！（桃園縣議會議長盃路跑 20130810 田野日誌）

　　這是筆者的第一次路跑的經驗，會參加路跑是因為當時亂跑團團長的鼓勵與引進。沒想到開啟了筆者的馬拉松之路。跑了將近一年八個月的 10 公里、21 公里（半馬）、23.5 公里、26.5 公里的超半馬後，開始有了挑戰全馬的勇氣。[25]

　　2015 年 4 月 12 日，完成了人生第一次全程馬拉松——鳳凰谷馬拉松，選了一場山路馬來挑戰，應該說是初生之犢不畏虎，這場賽事，讓筆者終身難忘，腳底的水泡，讓筆者將近二星期才復原，那種痛楚，真是難以平復。此時，身體的痛，比跑馬的時候還痛，靜躺時候的抽痛、行走時候的痛，讓筆者不得不佩服這 42.195 公里這個距離，也對能夠完成全

---

[25] 為了讓「圈外人」能夠瞭解，筆者在此說明一些「行話」（jargon）。全程馬拉松是 42.195 公里（簡稱 42K），簡稱全馬。半程馬拉松就是全馬的一半，一般我們簡稱為半馬為 21 公里（簡稱 21K）。超半馬就是超過 21 公里的距離又未達到全馬的距離。

做自己的英雄
路跑民族誌三部曲

114

馬的參賽者產生一種無比的敬意。

2015 年 5 月 24 日舒跑杯路跑賽，這是一場 9 公里的小比賽，當天下著雨，沒想到在這場賽事中，筆者第一次進入到了神馳經驗（Experience of Flow）的區域（zone）中。這是一種技巧（skill）與挑戰（challenge）相互平衡的狀態，進而達到一種無法言喻的境界。 剛好那一幕被運動筆記的攝影師補捉下來。這場奇妙的體驗，更讓筆者在日後馬拉松運動中，有繼續奮鬥的勇氣。[26]

2015 年 11 月 8 日，人生第二次的全程馬拉松挑戰宣告失敗。會參加這場賽事，完全是衝著田中馬拉松這的名氣，希望能親身感受及體驗；但由於當天天氣相當炎熱，二次的大上坡，讓筆者大腿的股四頭肌呈現抽筋狀態；筆者無法於簡章規定的 6 小時 10 分內完賽，這次的挑戰可謂功敗垂成、鎩羽而歸。這也是功課做的不足、準備不夠，沒有事先瞭解地形，自己的能力也尚未達到這種時間限制。田中馬拉松的熱情是足夠的；但是跑者不能在補給站沉迷太久，花太多時間與加油的鄉民互動，否則時間將會不夠。其次，若跑道有上坡路線，自己事前更應加強訓練，否則影響後續的完賽時間。至於氣候問題，真的無法想像 11 月分還是那樣的熾熱。

2015 年 12 月 12 日筆者參加在桃園舉辦的「世外桃源馬

---

26 Roger C. Mannell & Douglas A. Kleiber, A Social Psychology of Leisure (State College, PA: Venture Publishing, 1997), 89. 神馳經驗（Experience of Flow），也有人翻譯為心流經驗，是由 1970 年代學者米哈里‧契克森米哈（Mihaly Csikszentmihalyi）所提出。神馳經驗符合筆者當時的感覺，因為已完全沉醉在當時的情境，甚至可以說是達到忘我的境界。

拉松」。這場完賽時間是 7 小時 30 分，時間非常充裕，也是主辦單位第一次開發的路線，雖然跑的辛苦，氣候一天四變，有上坡有美景，最後是無傷的完賽。有了前二次的全馬經驗，這次時間自己掌控的還不錯，在自己的家鄉完成了人生第二次全程馬拉松，內心當然是相當激動。心裡想自己的程度大概就是這兒了！

2016 年 9 月 25 日三鶯馬拉松挑戰失敗，挑戰的時間是 6 小時 30 分。7、8 月分的練跑量不足，讓我嘗到了更大的挫敗，前面五公里跑起來就相當的辛苦，再加上已於下星期報名三鐵的比賽，不敢勉強自己硬拼，於是我選擇了跑完 21 公里時，進終點棄賽。這次的棄賽，讓我更深的感受到自己的懶散與大意。因此，賽後深加檢討自己的缺失。

2016 年 12 月 4 日，第五度挑戰全馬賽事，這次是在筆者求學的地方，抱持著不能漏氣的態度，賽前也用以賽代訓來維持基本的半馬能力與速度。平時再加強自己的核心肌群，10 月過後天氣稍涼，積極的備戰。終於在這場打破了自己的最佳紀錄。打破紀錄後仍不可鬆懈，後續安排一連串更艱鉅的挑戰。

2017 年 1 月 8 日，新竹鎮西堡超級馬拉松 54 公里的挑戰賽，跟同事相約一同挑戰這場從未參加過的超級馬拉松，完賽時間為 10 個小時。[27]有了鳳凰谷馬拉松的八小時經驗，筆

---

[27] 鎮西堡超極馬拉松共有 100 公里、80 公里與 54 公里的賽事。因為超過全程馬拉松 42.195 公里甚多，故名為超級馬拉松。

者評估後面的 12 公里用二小時完賽應該不難，只要不起水泡、不抽筋與不受傷，應該就能完賽。果然，在這艱苦的挑戰中，筆者完成了！

綜上所述，筆者從爲健康而跑的小小目標，進階到半馬，再進階到全馬，最後再勇於挑戰超馬，這一連串的過程，非當初所能想像；而是一個不斷挑戰自我，達成一個目標再追尋另一個目標的努力歷程，是一種不斷追尋的生命體驗；其間所親身經歷、體驗與觀察到的現象，筆者將其整理分類後臚列如下：

一、路跑社團相繼成立——帶動路跑風氣

一個人跑得快，但是一群人可以跑得更長久。路跑社團的相繼成立，讓路跑者有一個歸屬的社團，共同成長，共同努力，互相扶持，互相幫忙，共同團練，共同娛樂，成爲一個興趣相投的組織。這個組織除了可以引領新進人員，讓新手不至於茫然失措，更可以交換心得，避免走錯許多的冤枉路。社團與社團之間的相互聯誼以及辦比賽時的相互支援，更可以增加賽事的品質。因爲，只有參加賽事經驗的選手參與辦理比賽，可以提供參賽者最實際的需求。跑團每年會有團慶與尾牙的活動，許多在賽事中聊得不夠的，或是未碰面的，都可以在此時互相討論與共同玩樂，有別於在馬場（馬拉松比賽的場域）的情境領域中。

這次的北港媽祖路跑賽，是亂跑團第一次有人達到百馬的大事。筆者陪著福崇師與亂跑團參與這場盛宴。呂其燊，燊哥，好厲害已完成百馬（42.195 公里全馬完成 100 場）。亂跑團很有人情味，特地為他辦了一場百馬慶祝會。參加的團員，從臺灣各地集結了五十一人。筆者本次沒有報名此場賽事，因此可以詳實的記錄本次的幕前與幕後。等了好久好久，關門時間快到了，別團的百馬已陸續到達會場。亂跑團呢？千呼萬喚始出來，來了來了，泰山王子的服裝好驚人，我與運動筆記與尋寶網攝影師站在一塊，拍好後，一起加入陣容之中，感受百馬慶賀的儀式。（20150607 濃濃的人情味──北港媽祖慶百馬田野日誌）

跑步是一個很容易進入的狀態，上癮了就回不去了。所以，每個人都可以融入。就算你沒跑，你也可以當個後勤支援者，親友加油團，或是活動規劃設計者。

今天是亂跑團第二次辦百馬團的儀式，是憲哥與秉宏的百馬日，團內非常重視，因此，在幾個月前就開始規劃，如何讓大家能踴躍參與。為了支持這次有意義的百馬盛會，我也報名了，不過衡量能力，報半馬 21K 來共襄盛舉，以免拖累全馬團。大會設計的很周到，全馬清晨於 6：00 起跑，半馬則 08：00 起跑，跑完後大家可以一起會合進入終點，一起慶祝百馬。這是何等的大事。

100 場全馬，筆者想都不敢想，要付出極大的時間與體能，慢慢的累積，才能達到此種境界。華中河濱公園的起跑路線是筆者第一次參與，等到跑到馬場町時才發現之前跑過，臺北的河濱公園超級長的，跑來跑去都互相聯結。若不是這次百馬團，我實在不想跑。（20161106 艋舺馬拉松──做自己的英雄田野日誌）

路跑久了難免會有想要偷懶的心裡，跑團能夠凝聚團隊的向心力，為自己再打一劑堅持下去的強心針。在筆者參與大大小小的路跑之中，百馬團慶賀的儀式一直都有，這些榮耀的印記，深刻的在達成者心中留下美好的記憶，在未達成者之間設立了一個遠大的目標。

今天是一年一度的亂跑尾牙，筆者已參加第四年囉！第一年記得在石門水庫的石門會館。第二年主題是紅色喜氣。第三年是黑色幽默。今年主題是復古風裝扮。年年有特色，年年真歡樂。亂跑的幹部辛苦囉！從場地的預定，摸彩的設計，遊戲的安排，每年都有不同的歡樂。許多在馬場好久不見的老友，今天可以齊聚一堂，共同分享跑馬的酸甜苦辣。今天的會場在師大附近，小而美，小而溫馨。在此刻大家放下手邊的工作，檢討現在，放眼未來，讓大夥感情更加緊密。今天的 Ken 哥，榮獲最佳復古裝造型獎，的確很用心喔！上場競選的另外五位團友也各具特色。這時想到劉德華的歌，友誼歷

久一樣濃。呂方的老情歌。我們這些從四面八方雲集的
團友們，珍惜著每一年的聚會吧！把它當作是一場很重
要的馬拉松賽事，歷史可以創造，歷史就是我們大家一
齊共同走過的路。謝謝團長及幹部們。2013-2017 我見
證了亂跑團的誕生與成長。（20170121 亂跑團尾牙田野
日誌）

　　每年各大路跑團的尾牙活動，對於團員都會有很棒的凝
聚效益。平常每個人報名馬拉松的場次各有不同，並不是每
一次都可以互相見到面；就算碰到面，因為每個人跑步的速
度快慢不同，並無法盡情的暢談，因此，透過聚會與活動設
計，讓每個人更能彼此交流。所以，基本上，路跑社團就是
跑者的重要的支持系統。

二、運動傷害無所不在──放棄是一種勇氣

　　有一種痛，也是許多跑者剛接觸馬拉松運動最害怕的
痛，那就是腳起水泡所造成的痛。起水泡的原因有很多，每
個人狀況不太相同，簡單的來說就是腳底板長時間不斷的摩
擦而生成。

　　42.195 公里，大家都知道是一個令人不得不敬佩的數
字，因為它不是21公里乘以2這樣的計算方式，它內涵

了身體功能的逐步消磨與意志力的堅持。寫稿之時，筆者的雙腳水泡仍踏一步，刺痛一步。清晨起床後的襪子，前腳掌部分是濕的。丹大林道26.5公里的經驗，讓我還是輕乎了時間的計算，沒想到到了30公里左右，我的雙腳掌起水泡了，每跑一步，就是一步的刺痛，我只能告訴自己讓它痛吧！痛到麻痺了就不痛了。（20150412鳳凰谷馬拉松田野日誌）

這場馬拉松是筆者的初馬（第一次的全程馬拉松），讓筆者的身體遭受到重度的傷害，足足痛了一個星期。之後，走起路來已經可以比較快了，只是前腳掌的皮，似乎仍顯脆弱，但這還算是與生命較無關的傷害，值得慶幸。

「全馬不容易，更會要人命。」這是今年田中馬拉松的真實事件。17人熱衰竭，1人插管治療。6小時10分的限制，大熱天的曝曬，跑起來異常的辛苦。再加上「好漢坡」與「天堂路」的折磨，很多人到後面都無法順利完賽。（20151108田中馬拉松田野日誌01）

這是筆者參加第二場全馬所發生的意外事件，許多參賽者受不了熱，再加上時間的限制，沒有考量到自身的身體狀況，不想放棄，因而產生此意外事件。

這場馬拉松要在 6 小時 10 分完賽，平均 1 小時要能跑到 7 公里，方能過關。第一個 7 公里，筆者還能輕鬆達成。到了第二個 7 公里，筆者感覺到體力開始下滑，於是吃 BCAA 膠囊（Branched Chain Amino Acids 俗稱支鏈氨基酸），希望能讓肌肉氨基酸利用率增加。第三個 7 公里，又碰到天堂路，於是整個節奏都被打亂了！於是到了第四個 7 公里時，筆者與福崇已落後預定進度 2 公里，只能跑到 26 公里（4 小時），於是我與福崇師分開，請他能跑先跑。（實際上好像無法如此推算，因為後面的腳力不斷的下滑）第五個 7 公里，我於 11：40 通過 33.8K（分段關門時間是 11：50）。心想，後面的 8、9 公里，應該可以順利在 7 小時內完賽；但此時我的內褲已將我的大腿內側磨的非常疼痛，腳底也開始起水泡，但還可忍受範圍內。筆者開始啟動拋棄時間限制的想法，最後以更輕鬆的跑走方式面對。好好享受沿路的加油聲與美景吧！這次比賽至少比我的第一馬進步一小時喔！這也是我的一種「自我超越」。（20151108 田中馬拉松田野日誌 02）

很多跑友都會說，放棄需要勇氣，馬場隨時都在，不必硬拼於一時。說起來雖然容易；但是做起來絕非易事，常常賽前已經設定好了目標，真的真的很想要拿下這場馬拉松，若碰上氣候或身體的各種意外狀況，往往就需要抉擇，這個抉擇，就決定了「你」會不會受傷。在馬場上，常有跑友受

傷，傷後仍繼續參與賽事，但受舊傷困擾，不得不接受手術，積極復健。小郭在 2016 年 9 月，因為打籃球半月板破裂，進行關節內視鏡手術，二個月後，漸漸恢復，上下樓梯仍會不舒服，2017 年 3 月開始恢復路跑，路跑攝影師拍下他的照片，很明顯的左右腿的股四頭肌大小截然不同，接受手術的左腳明顯肌肉萎縮，令人難過，但是以他的實力，很快又可以在上凸臺（頒獎臺）。

　　所以，總是有很多人一聽到跑步就會說這樣很傷膝蓋喔！不要跑馬拉松比較好啦！小郭的例子會讓人以為他是因為馬拉松而受傷的。有經驗的路跑者總是會不厭其煩的解說！筆者也不斷以自身的經歷向同學、同事、朋友與家人澄清。筆者以前是籃球選手，其實很討厭枯燥的跑步運動；但隨著年紀的增長，籃球運動讓筆者滿是傷痕，膝蓋與腳踝都有長期累積的舊傷，於是改為沒有衝撞性的跑步運動。[28]初期開始跑時的確會不舒服，但筆者很清楚是打籃球造成的，與跑步無關。過了一年後，筆者發現愈來愈不痛，連以前踩到不平的地方右腳踝都會習慣性扭傷的狀況都沒有了。筆者感到非常驚訝！閱讀了很多書籍與搜尋相關知識，得到很好的例證。長期的練習會讓您的股四頭肌（quadriceps muscle）變得更為堅強，大腿後側肌群（hamstring muscle）髂脛束（iliotibial tract band）變得柔軟，此時

---

[28] 文多斌，〈增強肌力　跑步不傷膝〉，《聯合報——元氣周報》，2017.3.12，13。

能減低膝蓋的負擔；然而膝蓋的構造與學理又更加深奧，髕骨、十字韌帶、半月板等的相互作用，是一種有系統性的複雜生理結構，跑者必須有基本的知識，當有狀況時務必休息並且就醫，以免造成病情惡化就得不償失。[29]筆者有幾位的跑友在訪談時都表示：復健之路的漫長，確實讓蠢蠢欲動的內心有著相當的掙扎，讓人覺得心疼。

> 今天的馬拉松，幾乎全場都在下著雨，跑起來很舒服；但是就怕慢跑鞋溼了，容易起水泡。這是我一直擔心的。果然，回到家全部東西整理就緒後，發現左腳底板有一處怪怪的，結果是一小小的水泡。天啊！下星期要跑全馬，這下麻煩了，希望這星期水泡能夠自體吸收快一點。昨晚吃飯時志權兄的一席話震撼了我，他說他已與足底筋膜炎和平相處一年多了，要與它學會共處。從志權兄幾乎週週馬（每星期都跑全程馬拉松）來看，他真的處理得很好呢！（20161127 第三屆南投馬拉松田野日誌）

志權兄筆者認識他已將近三年，他從當初的 100 公斤，到現在只剩下 70 公斤左右，這幾年不斷的跑下來，已經達到百馬（100 場全程馬拉松）的境界。令筆者相當佩服，當初

---

[29] 詳見林頌凱，《國家代表隊醫師教你運動不受傷》（臺北：高寶國際，2014），124-127。黃安琪，〈跑步，當心 4 大傷害『扯後腿』〉，《聯合報——元氣周報》，2006.10.30，2-5。

是在一場自主練習的場合認識的，沒想到這三年來他如此精進，在其中一場賽事中，他選擇不放棄，於是受傷了，傷困擾著他，直到找到與足底筋膜炎和平相處的方法，至今仍馳騁於馬場上（馬拉松賽事）。對於跑者來說，這已成為一種「儀式」，馬場就在那邊，等著我去完成，不要問我為什麼？

三、馬拉松商機無限——運動是一門好生意

■ 運動觀光——帶動地方發展，接軌世界舞臺

田中這個地方，筆者從未去過，只是聽過這個地名。若非因為鄉親的熱情將路跑賽事辦得全國知名，筆者根本無此機會前往參與其中。主辦單位也堅持用在地的工廠製作亞瑟士紀念衫，創造了在地的就業機會，無論住宿，伴手禮，餐飲業，當天的業績都一飛沖天。如此一來，全體鄉民當然都會熱衷參與，把它當作一年一度的盛會。這就是運動觀光帶動地方發展的最佳例證。

> 彰化田中，第一次到訪，比賽前一天的踩街活動，讓筆者震撼不已。整個田中的鄉民把這場賽事當作年度盛事。老老少少，從幼兒園到阿公阿嬤的化裝踩街，將整個會場周邊 2 公里的氣氛炒熱起來，海軍陸戰隊的樂儀隊也來支援，晚上的馬拉松選手之夜更是人聲鼎沸，一

桌一桌的美食佳餚，更讓前一天到訪的選手有賓至如歸之感。……第二天的補給西瓜、香蕉、番茄、橘子、蛋糕、檸檬片、冰沙，應有盡有，吃到讓筆者幾乎快要跑不下去。（20151108 田中馬拉松田野日誌）

再以宜蘭長堤曙光馬拉松為例，一般去宜蘭大家只想到礁溪、冬山河與羅東夜市。很少有人會想去三星鄉走走。透過馬拉松的舉辦，筆者第一次發現安農溪如此之美，整治得如此乾淨，彷彿在歐洲一樣，跑起步來那樣的舒適愉快，更帶動了周邊附近民宿的知名度。

2016 年的最後一天，我與福崇約好下午二點出發前往宜蘭，在要上雪隧的入口處，開始塞車。因為連假三天，本想下午應該不會塞車，沒想到還是會塞車。不過小塞一下後，開始順暢，很快的進入很鄉下的地方，順利的找到「飛官的家」民宿。老闆娘的老公是飛官，尚未退役，由老闆娘掌舵經營。晚上在阿信的小吃店吃飯，薑絲大腸，山豬肉，中卷，水蓮，生蚵，配二瓶金牌啤酒，真是讚啊！晚上的宵夜完全吃不下任何東西。宜蘭的確是個好地方。……完賽後回到民宿梳洗完畢，在客廳與民宿老闆聊民宿理念、生涯規劃、軍旅生涯等等，咖啡與甜點的暢談，腦內啡的釋放，真是爽快。此時將近午時，其他房客也陸陸續續退房，老闆與客人互相拍照留念，留下最珍貴美好的畫面喔！（20170101 長堤曙

光元旦馬拉松田野日誌）

　　許多跑友跑遍臺灣後，開始追尋海外的新鮮感，同時也把它當作一場旅遊。許多腦筋動得快的旅行社也開始規畫這種馬拉松旅遊行程，並且保證能報到該場馬拉松。比如說：澳洲黃金海岸馬拉松、名谷屋馬拉松等等。「江湖跑堂」創辦人江彥良表示：「我的夢想是希望讓更多人透過跑步認識臺灣，發掘臺灣之美。」通過終點線時的拍照紀錄，是宣傳國家最好的時間點，「披上國旗跑進終點會很有畫面。」[30] 筆者所屬的亂跑團，團長徐慕雯也是連續三年在香港渣打馬拉松披著國旗進終點，並於 2016 年 1 月 17 日為當時記者所專訪，團長表示她熱愛我們的國家，希望能讓更多人能夠看見國旗，要讓國際媒體在這金牌賽事看見我們的國旗，特別是在大陸所屬的香港地區。事實上，許多跑友穿著印有臺灣與國旗的服飾在海外奔馳，的確吸引了不少國外友人的目光。

---

[30] 吳雨潔，〈繞著世界跑，臺灣 running man 用馬拉松做外交〉，《聯合報》，2016.5.14，A5 版。

■ 運動用品大發利市——輸人不輸陣

馬拉松熱潮開始後，相關運動用品開始蓬勃發展。跑鞋是最基本的配備。適合寬楦頭的，還是一般的，都要仔細的測試一下。是要耐震度較高的，還是要衝速度的，都要依照自己的能耐選用。鞋子的大小也一定要特別重視，因為在長時間的馬拉松下，不斷的摩擦或者是擠壓，將帶給您無比的傷害。例如：起水泡或是黑指甲，甚至整片指甲脫落。

> 對於成績不在意的我，談不上技術性的層面。但我知道，要跑得輕鬆，仍要靠平時的不斷練習，包括核心肌群的訓練，體重的再減輕。近月來，發現許多跑者的指甲呈現瘀血或掉指甲的現象，透過跑友分享，我歸納如下：鞋子太鬆會容易摩擦起水泡，太緊會黑指甲；另外一部分也與跑姿有關，大腿抬得太低，造成鞋底不斷摩擦路面，所以調整下腳姿勢很重要。第三點是，選鞋的時候，腳跟要抵著鞋跟處時，五根指頭靜止時不會頂到鞋頭，稍微活動趾頭也許還會有空間。綁鞋帶前面適當鬆緊，靠近腳踝處稍微緊，固定住腳不會往前滑。
> （20140517金城桐花盃全國路跑賽田野日誌）

其次，如跑褲、跑衣、風衣外套、壓縮褲、太陽眼鏡、帽子、腰帶、襪子、腿套、耳機、音樂、運動型手表（可紀錄速度、時間、距離與路線軌跡）等等，都因每個人的需求

不一而足。有些跑者輸人不輸陣，身上的行頭一應俱全，再加上每個人的喜好不同，挑選的用品也五花八門。另外，筆者發現，一些跑得快速的選手或是年紀較長的跑者其實身上的配件是很簡單的，就是短褲與背心，有些更是不穿上衣，這就形成很有趣的現象，每個人都有自己的品味。在路跑的場域中沒有工作上的階級之分，就是將真實的自己釋放出來，秀異的身體在此展露無遺。[31]

■ 運動教練興起——運動是一項專業

馬拉松是很特別的運動。你可以跟世界或是全國最頂尖的跑者一同參與比賽。夠厲害的吧！這就是馬拉松。跑步大家都會跑，但是要跑的專業、姿勢漂亮、不受傷、或是變瘦以及進步，那你不得不接受訓練。因此，有很多跑友開始思索，為什麼我跑這麼久都瘦不下來，為什麼我愈跑愈重呢？這時候重量訓練的教練就很重要，大家很願意花錢買藥看病；但是為什麼不願意花一些小錢請專業的運動教練來讓自己體態更好看，肌力更強健，進而帶動跑步成績呢？於是乎，路跑的教練、健身房的運動教練開始有了新的契機。許多跑友甚至表示，利用不同種類的交叉方式運動，例如：騎

---

[31] 此處借用布爾迪厄的論點，與布氏發生一些共鳴。馬場上其實無所謂的工作階級之分。
Pierre Bourdieu, *Distinction: A Social of the Judgment of Taste*, trans. Richard Nice(Cambridge: Harvard University, 1984), 257-317. 請參閱 Part III *Class Taste and Life-Style*，筆者詮釋其論點。

自行車、游泳、瑜珈等等，可以讓只有進行跑步運動的人更能加速減重，據跑友品萱表示，她剛開始跑馬拉松瘦得很快，但是最後到了停滯期，於是她開始玩三鐵，找游泳教練一對一的教學，找自行車教練教騎車，體重又開始減輕了。所以，大家看到的是她的轉變，前後呈現非常強烈的對比。

■ 運動經紀人——獎金獵人之黑色旋風

隨著臺灣路跑風氣的盛行，舉辦的賽事愈來愈多，獎金也愈來愈吸引人。一些非洲籍的路跑好手開始被引進臺灣，參加路跑賽事賺取獎金，這些獎金等於就是他們賴以維生的收入。黑人選手，筆者也常在馬場上看到，碰到時都是他們已經折返多時，實力之強，不容小覷。

> 沿途上能邊跑邊看海，真的是一大享受，整條路封閉了一半，跑起來真的很享受，一開始大家都衝好快，好不容易碰上了一位69歲的阿伯，他的速度很穩健，所以我就跟著他跑，哇！舒服多了！回程一直在找動力，希望跑得舒服一點。結果跑到隧道後半段，一位跑全馬的黑人選手已超越過我，不知怎麼了，筆者覺得被刺激到了！突然體力泉湧，就一路衝回終點，衝到隧道口時，瑜芳（籃球隊的學生，臺北體院畢業）大叫：「老師您也跑太慢了吧！」跟她擊掌握手並且說：「饒了老師吧！」之後，一路衝回終點。發獎牌，發水，發毛巾，

領證書，領完賽禮，退晶片一氣呵成，非常棒。
（20160320 國際認證的萬金石馬拉松田野日誌）

　　這場賽事是國際田總認證的銅牌賽事標章，許多國際選手都會慕名而來。[32]以前是在大型的國際型賽事才會有的現象，現在連小型的區域型賽事也開始出現，證明了已有國內專門仲介這些黑色旋風來臺灣賺取獎金的經紀人。這讓臺灣舉辦的馬拉松出現了質變。為了因應這種狀況，也開始有些比賽在簡章中說明：為了鼓勵及扶植臺灣選手，外籍選手可參賽，也可領取總排名證書；但不提供各種獎金等獎項。但是從另外一個角度想，這些黑色旋風能不能刺激國內馬拉松好手更加進步，而不是過度保護國內選手，這就有待國內馬拉松主辦單位的財力狀況分析；有沒有辦法設置外籍選手獎、臺灣選手獎等來權衡當前的現象。

四、秀異路跑人——運動玩心

■ 裝扮路跑——秀出自我

　　跑友的創意常常令人意想不到，時常在馬場上有各種不

---

[32] 所謂的賽事標章是為了區分馬拉松賽事的等級，目的是為了鼓勵大會籌辦出高品質的賽事，所以金銀銅來標示等級。「萬金石馬拉松」是臺灣唯一拿到國際田總銅牌賽事標章的馬拉松賽事，實屬不易。

同的裝扮，大膽的秀出自我。例如：有蜘蛛人造型、護士裝、米奇卡通裝、新娘白紗裝、皇帝裝等等，樣樣都有，讓您意想不到。[33]筆者也萬萬想不到，有一天也會穿著蘇格蘭裙，在馬場上參加路跑。

> Family Run 強調的就是家族的精神，因此，強調三人或五人組成一隊。此次，在家緯的號召下，我告知佳佑，共同組織了一隊。享受一下這一特別又有特色的賽事。凌晨 4:30 分，我與佳佑一同驅車前往大佳河濱公園，打算占領車位。今天開車的人，竟然異常的少，我倆五點多到，車位還相當的多，頗令我訝異。首先，來觀察一下場地的布置。場地設有更衣區，這倒是很貼心的一項設計。但就常常路跑的人而言，這算是一奢華的設備。並不多見。大會今天請來的代言人是林義傑、莊佳容、奧運泳將吳念平，他們三位今天是所謂的臺灣運動家族代表隊。熱身操請來的是天王級的潘若迪老師，他果然有一套，很能帶動氣氛，動作也很特別，口才也一流。此次的第一名獎金80000，第二名獎金50000，第三名獎金 30000，全被體育大學的小學弟 ABC 三隊所囊括，真是搶錢一族。這個賽事的特色就是要穿蘇格蘭裙跑步。（20140423 親愛的我穿裙子路跑-格蘭菲迪家族路

---

33 曾文棋，〈誰說女性不運動？萬名女跑者　美麗上路〉，《聯合報》，2013.08.12，A7 版。

跑賽田野日誌）

此外，筆者這幾年路跑的觀察，女生愈來愈厲害，有時候超越筆者時還幫筆者加油，真是不得不佩服這些女生，所以在馬場上千萬不要小看任何一位女性。女性規律運動的人口數，成長速度比男生還要快。這種「瘋潮」已讓臺灣完成全馬的人數已超過萬人。[34]

2015 年筆者又被帥氣的飛官裝所吸引，決定報名參加國慶日飛官裝的路跑。

> 穿著帥氣的空官服，跑來倒也清爽。還好天公作美，昨日下了場大雨。讓我們今天可以帥氣奔跑。跑的路線很單純，來往車輛也很少，不久就到了折返點。主要的還是跑進空軍基地，這是本場賽事的一大賣點，裡面的軍機展示，軍士官的引導等，都是特別的體驗。我們三位中年男子，跑起來還真像長官呢？（20151010 新竹黑蝙蝠國慶路跑）

一項有特色的路跑，必須結合的項目有哪些呢？吸引人的路線、動人的服裝、完美的想法與企畫。還要有特色的路跑地點。此次路跑，打動我的就是這些項目。帥氣的空官

---

[34] 劉俐珊、彭慧明，〈臺灣瘋路跑，躍「萬人全馬國家」〉，《聯合報》，2013.08.27，A5 版。

服，完美的動員手冊，難得開放的空軍基地，讓筆者不斷思索著。

2016 年國慶日，筆者又參加太空裝的路跑，想要秀出帥氣的自我。

> 起跑時間六點，沿著竹北的興隆路，邊跑邊欣賞沿路的豪宅，沿路上的豪宅是無敵景觀，沿著頭前溪路跑，不用與車爭道，心中暗忖，若能買在這兒，平常練習路跑一定很舒適。此處竟然還有一所新蓋的興隆國小，真是不簡單。10 公里，一個很舒適的距離，進了三個水站喝水，沒有雨、沒有太陽，雖然我手上拿的雨傘沒有使用到，卻在終點時發現了艾笑杰，把傘打開，給他特寫一下。在會場中觀察到有一夫婦帶著二位小孩共同參與，他們自製太空頭盔，搭配上太空服裝的跑衣，哇！真是太有創意了，難怪被記者專訪。總而言之，跑步還是要有同伴，否則會愈來愈懶散了喔！（20161010 昌益國慶太空漫跑田野日誌）

運動玩心，每個人都有，如何卸下每個人外表下的面具，好好的享受運動中的樂趣。競賽的場上，猶如一個想像或模仿的世界，此時我是太空人，整個比賽像戲劇一樣般的有趣，這是遊戲的深層結構中的偶發關係組第三對——「競

爭－模仿」。[35]因此，遊戲除了是文化發展的基石，更是運動文化的核心。

2016 年 11 月 6 日的「艋舺馬拉松——做自己的英雄」，配合電影「艋舺」的當地文化，團長帶領著團員，扮演臺客大鬧跑場，的確非常吸睛，讓跑友們無不發出讚嘆聲，團友浩瑄可是穿著木屐跑啊！這種融入式的文化角色演繹，為馬場增添不少樂趣與話題。

這些秀出自我的跑者，在賽事後，仍然有機會回味比賽當時的盛況，因為有一群熱愛攝影的攝影師會在馬場周邊待命，為選手捕捉路跑時的帥照與美照。讓您在比賽結束後的一星期內，上網找照片再回憶一番。而且這些照片幾乎都是免費的，讓您可以幻想自己是運動明星，跟朋友炫耀，真是一個多麼難得的經驗。這些偉大的攝影師平常各自有自己的工作，一到假日攝影師就往馬場（馬拉松會場，簡稱馬場）跑，忙著幫大家攝影，所以攝影師在馬場上應該是最受歡迎的人物。這些攝影師平日也會有固定的聚會，大家分享各自的酸甜苦辣。許多跑團在年終辦尾牙時也會邀請各自熟識的攝影師，以表達對他們的感謝，人與人之間的相處正是如此，在適當的時候以實際行動表達感恩之心。

---

35 詳見劉一民，〈遊戲的深層結構分析〉，《運動哲學研究——遊戲、運動與人生》（臺北：師大書苑，1991），37-41。

■ 接力賽跑——跑出年輕

「若想跑得快，就一個人跑；若想跑得遠，就一群人跑」這是 2016 年 4 月 17 號第一屆新北市鐵道接力賽的口號（slogan）。的確是如此，若能招朋引伴，大家共同參與賽事，那麼路跑的趣味就增加了許多；而且接力賽的距離門檻很低，大約都是 5-6 公里左右，很容易入門，最適合平常沒跑半馬或全馬的跑友了。回想起小時候的大隊接力賽了嗎？這項目可說是運動會中的最高潮，參與人數最多，比賽過程刺激又難以預測，總能帶動全場的加油氣氛。擁有這些回憶的成年人離開校園後，而今又有了這種機會，怎能不把握呢？間接促成了許多公司行號、朋友與社團跑友組隊參賽，讓路跑又有了新的生命。

　　這次亂跑團組了二隊。一早清晨 4:00 與福崇會合，我們從大溪交流道上，往北開往雙溪。大約 5:10 分到達了雙溪車站，此時人還很少，停好車，上個廁所，等待團員的到來。這是我第一次到雙溪車站，感覺是一個淳樸的小鎮。買了一張火車票紀念。此時，秀英、傑生、宏育已到；小介、阿哲、大仁、國順、小包與權益等陸續抵達。6:09 分火車抵達，整車都是要參加路跑的選手。集合團拍（拍完團體照）完後，我們 6:45 分坐火車分別到各站預備。筆者與福崇負責跑第四棒。7:00，已從雙溪站坐到貢寮站準備等第五棒的到來。最好笑的是，接力

的隊友到了，找不到隊友接棒，接力棒是維護火車行駛安全的電氣路牌，非常有創意。9:20 分，大仁與傑生到達接力區，我們完成接棒。接力最可怕的是，你想慢，都不好意思慢，大家都全力以赴的往前衝，亂跑團另一隊第四棒福崇師一開始就衝，我追這頭火車就快往生了！沒想到跑完看紀錄，竟然接近 6 分速（每公里六分鐘），真是比平常練時快太多。平常都喜歡偷懶，不想讓自己那麼累，比賽時就會非常痛苦。（20160417 新北市鐵道接力賽）

會有這種接力賽，其實是源自於美津濃路跑接力賽。只是主辦單位發揮了文創精神，吸引了眾多跑友與鐵道迷，踴躍報名。

筆者跑第一棒，學生組七點開跑，社會組七點十分開跑。在此之前「亂跑團」大軍，開始儀式性的行為，拍照、團呼，好不熱鬧。大仁的「自拍神器」開始了歡笑聲，大家像個小孩一樣，在哪兒搞自拍，好像永遠長不大的小孩，有趣極了。許久未見的團友，開始互相聊天問候，好不熱鬧。本次共有七隊參賽。去年 2013 年，「亂跑團」只有三隊報名，今年增加到了四隊。（20141019 美津濃接力賽田野日誌）

截至 2016 年為止，在臺灣已有 12 年歷史的美津濃路跑

接力賽，已成為一年一度臺灣最重要的路跑接力賽事之一。這種構想源自於日本大學接力賽的「箱根驛傳」的競賽，是一項具有日本儀式性的路跑接力賽，注重的是團隊精神，也就是一棒接一棒，棒棒是強棒，透過團員的共同組隊參與，凝聚更強大的向心力。[36]為著共同的目標而努力，接力賽的意義不正是如此嗎？這也吸引了許多路跑主辦單位的目光，愈來愈多的接力賽開始主辦。例如 2017 年 01 月 08 日在新竹舉辦的 2017 鐵道路跑——乘風接軌路跑賽事。

五、淬鍊生命——終身路跑

■ 抗癌鬥士－－為我加油

在馬場上跑久了，你常會看到一位掛著紅布條的跑友，他的外號叫「中師」，布條上寫著「晚期癌友，幫我加油。」第一次看到時，筆者內心相當的震撼，久久未能撫平。第二次碰到時，筆者主動伸出手與他擊掌為他加油；他的手相當冰冷，讓筆者感到非常的不捨。他告訴筆者，只要能活著，一定會跑下去，永不放棄，令人動容。另一位同樣罹患舌癌的莊啓仁，更是三鐵、超馬與馬拉松都參加，也是馬場上的

---

[36] 文多斌、戴偉謙，〈一棒接一棒：臺灣美津濃馬拉松接力賽初探〉，《2016 第四屆亞洲運動人類學學術研討會論文集》，（臺北：國立臺灣師範大學，2016.05），63-70。

常客，筆者都尊稱他為啓仁哥。他以自身的抗癌精神，鼓勵相當多的跑友，他說：「我可以，你們也可以。」[37] 上述這二位都是馬場上的真英雄，激勵了相當多的跑友，當然也鼓勵了相當多尚未開始跑步的人們。

■ 視障陪跑——跑向陽光

筆者在參加路跑的場次中，常常可以看到許多陪跑員很有愛心的牽著一條繩子帶領著視障者路跑。衣服常常會印著「視障陪跑員」字樣。這時筆者才開始注意到對於視障者的關懷在馬場上是無所不在。

一大早天氣不太好，是下雨的天氣，當然還是要跑啊！前面五公里，跟到 6 分半速的集團，難怪我愈跑怎麼覺得那麼快，此時我想要上大號，跟福崇說，我想要上廁所，剛好碰到一個宮廟，於是向左邊轉，上去紓解一下，之後再進入跑步區，發現，後面這些速度就沒那樣快了，於是我們開始很舒服的跑。發現美景就停下來拍，其中埔里的水尾國小，好有自然美喔！中禪寺第一次經過，普中小學第一次看到，就在這個地方碰到一位視障跑者高聲歌唱，他好快樂，筆者除了為他加油外，

---

37 陳佩琦，〈無舌鐵人，超馬跑出抗癌人生〉，《聯合報》，2016.3.20，A10版。

也稱讚他唱的真好聽。陪跑員是一位女跑者，臺灣最美的風景是人，在此展現無遺。（20161127 第三屆南投馬拉松田野日誌）

　　這是筆者第一次在馬場上聽到視障者邊跑邊引吭高歌的，看他高興的模樣，開始注意到視障者的運動權。兩人的默契就得靠一條繩子向左或向右。然而，要發心做這件事其實一點都不難，「只要您有心，就可跨出第一步」，筆者的亂跑團團友品萱這樣敘說著。當然，您要帶領視障者跑步，本身要有一定的能力，這樣才能對視障者有正面的幫助；而不是讓視障者帶著你跑。中華視障路跑運動協會的成立，讓許多視障者勇敢的跑出來，對於視障者情緒的穩定來說，有莫大的助益。最基本的是要先學會帶走再帶跑。「問」「拍」「引」「報」是最基本的口訣了。讓他們繼續跑向陽光吧！

■ 環島路跑——逐夢踏實

　　每一個人都有一個夢想，這個夢想可能要在某個時候、某個年紀才有辦法去實踐。阿布是我們亂跑團的一員，2016年 8 月 1 日清晨 5 點，從汐止家中出發，以逆時針的方式，花了 20 天，完成了 1000 公里的環島之夢。在環島的過程中，各地的朋友、跑友與亂跑團都盡可能的協助阿布私補（私人的補給品提供），讓阿布心中充滿了溫暖。8 月 24 日凌晨阿布在臉書 PO 出了他的環島圓夢感謝文。標題是：「跑步環島一

直是我想去完成的夢—現在不做，以後可能不會做。」阿布說的沒錯，而且以後可能還會後悔。其次，還有一種是環島做公益的夢想。在馬場上常看到套著一個「舒跑」鋁箔包的跑友，大家都稱他為「舒跑哥」。2017 年 1 月 26 日（小年夜）開始，從臺中家扶總會起跑，以「關懷弱勢，保護兒童」為議題，展開一場舒跑哥勇跑天涯的馬拉松之旅。這種義舉令人佩服，更讓世人瞭解馬拉松的正能量。[38]這是舒跑哥實踐夢想的方法。

■ 出書分享——勵志人心

自從 2008 年村上春樹在臺灣出版的《關於跑步 我說的其實是……》這本書以來，筆者深受影響。看完後內心熱血澎湃，村上表示，他跑馬拉松其實是為了鍛鍊出好身體，才能好好的寫小說。絕對不會因為跑步而影響了正業。[39]然因當時正在攻讀博士學位的筆者，工作、家庭與學業三頭燒，因而沒有付諸實際行動。沒想到，隨之而來的全民瘋路跑現象，超馬名人的加持，明星、名模的出書，為路跑帶來正面健康的形象，激勵了許多不敢踏出第一步的宅男宅女。學術

---

[38] 筆者 follow 著舒跑哥的臉書，舒跑哥環島日記 2017 年 1/26 至 2/24（五）共 29 天，完成了環島壯舉，將跑者具名的「戰旗」親自交給了家扶基金會的執行長，表達對「兒童保護」的關注。

[39] 村上春樹，《關於跑步 我說的其實是……》（賴明珠譯）（時報版社，2008），201。在第四章村上更表示「我寫小說，很多是從每天早晨練跑路上所學到的，很自然地從肉體上、實務性地學到。」

界也愈來愈多馬拉松的相關研究，反應當下的運動現象，筆者也深陷其中，並且定期會到書局尋找是否有最新的路跑新書出版，好好體驗每位作者的生命故事，因為筆者知道，這是每位作者血與淚的心血結晶。筆者特別偏好日本跑者的路跑書籍，他們的特色是特重內心的世界剖析與現實殘酷世界的對照，讀起來特別刻骨銘心。例如：江上剛，《我 55 歲，決定開始跑馬拉松：獨自的起伏中，我找回人生步調，你呢？》這本書，從職場上的挫敗到利用跑步克服了憂鬱、失眠與代謝症候群等等。[40]跑步對他的影響可見一斑。另一本井上真悟所撰的《RUN 一直跑下去：世界超馬王者的跑步之道》一書，更是讓人不捨。[41]一位自謀生活的年輕人，在一團亂的的生活中找到存在的意義，那個意義就是跑步，跑步讓他翻轉了低潮的人生。以上這些勵志書籍絕對讓讀者閱讀後想穿起跑鞋跑步去。

■ 設定目標——挑戰極限

參與馬拉松是一件很奇怪的事，跑的時候常常會在心裡想：「我下次不會再跑了！」可是沒過幾天，手又開始癢了！按著滑鼠鍵，開始找下一場賽事，而且還越找越遠。2016 年

---

[40] 詳閱江上剛，《我 55 歲，決定開始跑馬拉松：獨自的起伏中，我找回人生步調，你呢？》（李佳蓉譯）（臺北市：大是文化，2013），21-221。

[41] 詳閱井上真悟所，《RUN 一直跑下去：世界超馬王者的跑步之道》（柯閔傑譯）（新北市：木馬文化，2016），17-280。

7 月 20 日筆者報名了挑戰自我極限的超馬賽事（超過全馬的距離）。

　　主持人倒數計時後，我們開始出發，天是黑的，大家小心翼翼的跑著，由於前 20 公里是一連串的上坡，大家也不太敢衝，大約跑到清晨 6:30，天開始亮了！大家的差距就愈來愈遠了！跑到第 8 公里時，我體力消耗太快，開始補充能量包 BCAA 二粒。跑到 13 公里處開始有熱食，湯麵，水餃，熱稀飯，通通給它灌下去。這個前 20 公里的上坡實在太恐怖了，總共爬升將近 1450 公尺。累的還在後面，20 公里後是下坡 7 公里，雖然很舒服，回來又要爬坡 7 公里，此時都只能用快走的方式。後面的時間，不知是否能順利完賽，開始擔心了！大約 12:10 分跑到 34 公里，只剩下 20 公里，但是時間只剩下 3:30 分，我真的沒把握完成，因為前半段已消耗過多的體能，雖然後面 20 公里都是下坡。於是，我只好用身體的重量開始往下衝，希望不要花費太多體能。18-12 公里間花了不到 1 小時，在預估範圍內。剩 12 公里了，還有大約 2 個半小時，這時候心中才比較篤定！於是繼續跑到剩 8 公里，大約還有 2 小時，於是我使用出在學校練習 5 公里的方式，調整呼吸慢慢跑，追上了一些人，剩下最後 4 公里，想說隨便也走得完，沒想到，怎麼愈走感覺愈遠，已經 3 點了！距離關門時間剩下 30 分鐘，最後跑起來，離關門時間只剩 14 分鐘，好險啊！回到終

點，鎮西堡有一個傳統儀式，就是直接跑上舞臺，由主持人用麥克風，宣布您的名字，並拍照，以示尊榮。最後，在會場換好又濕又臭的衣服，搭接駁車回飯店後開車回家，結束這次的挑戰。你問我下次還要不要參加，我現在的答案是 NO。（20170108 鎮西堡祖靈之鑰超級馬拉松田野日誌）

雖然心裡一直說不要，等到跑友一招手，筆者又上網報了 2017 年 3 月 5 日的高美濕地的全程馬拉松，限時 6 小時 30 分。希望在 2 月分立下一個練習與奮鬥的目標，不要懶散下來。

前一天下午二點與福崇師共同前往大秀國小旁的清水運動公園……此時大會工作人員已在工作。清水舊名牛罵頭，很特別，我們問了一位工作人員，應該是臺中慢跑協會的人員，他們都相當熱情。逛到外面，忽然一位坐在 BMW 的一位老先生對我們笑，隨即跑下來與我們聊天。跑馬世界無奇不有。一位因脊椎受傷幾乎要癱瘓的張大哥，因為一次機緣拯救了他。當時他在操場一小步，一小步的復健，認識了一位跑友，鼓勵他參加馬拉松，沒想到三年後，他已經跑了 97 馬，克服了病痛。他說他是學機械的，他知道人的關節與骨骼系統與機械原理是很相似的，因此，他深知不要後半生躺在床上的方法，就是要開始跑。如今，他已擺脫了癱瘓危機。今天

下午在高美濕地馬拉松會場旁，很有緣的第一次碰面聊天。各位FB的好友，您動起來了嗎？他剛從苗栗跑完第二屆超級馬拉松，馬上又開車到清水參加明日的高美濕地馬拉松。（20170305 高美溼地馬拉松田野日誌）

　　張大哥的故事，讓我非常感動，竟然這麼有福氣碰到他，於是當天晚上，筆者將日誌心得發表在臉書上，得到很大的迴響。健康跑，慢慢跑，是未來第一個目標。參加馬拉松普查10馬獎是第二個目標，達成的時間沒有設定，一年拿下二個全馬是主要設定成果。[42]這樣算起來至少還要三年才能達成。第三個目標是，能將每個階段的經歷化成文字，不斷研究與發表，完成重要的紀錄，也就是終身運動與終身研究的夢想。這就是以筆者爲例的眞實現象，周邊的跑友透過訪談亦是以追求自我的夢想而努力。

---

[42] 馬拉松普查是一群熱中馬拉松的人士所設立的網站。跑者可申請帳號登入。將每次完成的全馬成績證明上傳到該網站，經由審核，就完成手續。等到累積到10馬、20馬……100馬時，普查網每年會選取一至兩場馬拉松比賽頒發普查獎，在規定截止的日期前完全頒獎次數的馬拉松審查，並參加該場的馬拉松比賽就可以領獎。

伍、結論與反思

　　2013 年筆者因為在研究中訪談了一位跑者，在過程中深深的受到莫名的感動，因為這個機緣，筆者進入了路跑界。受訪者激發了筆者內心那股好久未有的悸動。於是，筆者開始計畫報名路跑賽事，打算親自參與體驗受訪者所說的那種精采與動人的篇章。所以，從一開始就養成了寫田野日誌的習慣，記錄著學術界所謂的「雞毛蒜皮」的文字。如今這些田野日誌，卻成為重要的研究文本依據。有時候筆者一直在思考著：學術性的文章到底有多少人會看、愛看，容易普及嗎？若吾人能寫出平易近人，容易閱讀的學術性文章，不是能夠感染更多的人嗎？民族誌的書寫可以說是最佳的方式。雖然，研究過程是非常辛苦的，而且要花費大量的時間；但是最後的結果卻相當甜美。2013 年至 2017 年，筆者將親身經歷與體驗，輔以相關文獻，最後提出五大路跑現象如下：

一、路跑社團相繼成立──帶動路跑風氣

　　路跑社團提供跑者一個幕前與幕後支持性的功能，讓跑者不會孤單的在賽道奔馳，幫助跑者解決許多跑步相關的疑難雜症，他們的相處就像家人一樣的親密。

二、運動傷害無所不在——放棄是一種勇氣

　　運動傷害可能來自於經驗與訓練的不足；更有甚者，是因為不肯放棄當天賽事的挑戰，堅持著完賽夢想的硬拼。因此，適時的承認失敗是必修的功課之一。

三、馬拉松商機無限——運動是一門好生意

- 運動觀光，帶動地方發展，接軌世界舞臺。運動產業興起，路跑是其一。
- 運動用品大發利市，輸人不輸陣。專業的運動性配件，讓跑者更具信心。
- 運動教練興起，運動是一項專業。透過專業的指導，跑者可以突破障礙。
- 運動經紀人，獎金獵人黑色旋風。增加賽事精采度，刺激國內好手學習。

四、秀異路跑人——運動玩心

- 裝扮路跑，秀出自我。卸下平日的形象，角色扮演，紓解壓力好快樂。

- 接力賽跑，跑出年輕。一棒接一棒，回到小時候的接力賽場景好青春。

五、淬鍊生命——終身路跑

- 抗癌鬥士，為我加油。把每一天當作最後一天，珍惜現有的生命無價。
- 視障陪跑，跑向陽光。運動的權利不因為身體的障礙而有不同之待遇。
- 環島路跑，逐夢踏實。透過環島的挑戰，更深信自己沒有甚麼辦不到。
- 出書分享，勵志人心。出書是一種反思的歷程，更可激勵自己與他人。
- 設定目標，挑戰極限。面對自己的脆弱，一步一腳印，挑戰自我極限。

　　總結上述五大現象，追根究柢，皆根源於一種自我追尋與夢想的實踐，希冀能朝向更快的速度、更遠的距離邁進。這也是本民族誌中最深層的結構意涵。

引用文獻

井上眞悟所，《RUN 一直跑下去：世界超馬王者的跑步之
　　道》（柯閔傑譯），新北市：木馬文化，2016。

文多斌，〈一起跑出灣奇蹟〉，《聯合報》， 2013.12..20，A19
　　版。

文多斌，〈Happy Run：一項運動人類學的研究〉，《臺灣體育
　　學術研究》，57（桃園，2014.12）：71-116。

文多斌，〈增強肌力 跑步不傷膝〉，《聯合報-元氣周報》，
　　2017.3.12，13。

文多斌、戴偉謙，〈一棒接一棒：灣美津濃馬拉松接力賽初
　　探〉，《2016 第四屆亞洲運動人類學學術研討會論文
　　集》，（臺北：國立臺灣師範大學，2016.05），63-70。

古塔（Akhil Gupta）、弗格森（James Fergusun），《人類學定
　　位：田野科學的界限與基礎（ Anthropological
　　Location）》（駱建建等譯），華夏出版社，2005。

江上剛，《我 55 歲，決定開始跑馬拉松：獨自的起伏中，我
　　找回人生步調，你呢？》（李佳蓉譯），臺北市：大是
　　文化，2013。

艾希柏（Henning Eichberg）著，《身體文化研究—由下而上
　　的人類運動現象》（李明宗、莊佩琪譯），新北市：康
　　德，2015。

吳雨潔，〈繞著世界跑，臺灣 running man 用馬拉松做外交〉，《聯合報》，2016.5.14，A5 版。

吳百騏，〈跑出生命的樂章：二位跑者參與馬拉松的生命故事〉，臺北：國立臺灣師範大學體育學系在職進修碩士班碩士論文，2006。

李宗價，〈一個馬拉松跑者的自我敘說：從運動經驗看父親與我的生命故事〉，高雄：國立高雄師範大學體育學系碩士論文，2015。

村上春樹，《關於跑步 我說的其實是……》（賴明珠譯），時報版社，20081。

沈聖傑，〈敘說視障馬拉松選手與陪跑員之跑步經驗〉，臺北：臺北市立體育學院運動教育研究所碩士論文，2012。

林頌凱，《國家代表隊醫師教你運動不受傷》，臺北：高寶國際，2014。

拉德克利夫-布朗（A.R.Radcliffe-Brown）著，《社會人類學方法（Method in Social Anthropology》（夏建中譯），北京：華夏，2001。

柯捷瀚，〈跟自己賽跑的人─我的馬拉松經驗敘說〉，臺北：國立臺灣師範大學運動休閒與餐旅管理研究所碩士論文，2014。

格雷（Ann Gray），《文化研究：民族誌方法與生活文化（Research Pracyice for Culture Studies:Ethnographic Methods and Lived Culture)》（許夢云譯），新北市：韋

伯文化國際，2008。

格爾茲（Clifford Greertz）著，《文化的解釋（The Interpretation of Cultures）》（納日碧力戈、羅紅光譯），上海：人民出版社，1999。

陳佩琦，〈無舌鐵人，超馬跑出抗癌人生〉，《聯合報》，2016.3.20，A10 版。

張桂婕，〈馬拉松跑者跑步時內心歷程之探討〉，桃園：國立體育大學體育研究所碩士論文，2013。

張景盈，〈百場馬拉松跑者經驗敘說〉，臺中：國立臺灣體育運動大學體育研究所碩士論文，2017。

莊錫昌、孫志民主編，《文化人類學的理論架構》，臺北：淑馨，1991。

許智雄，〈敘說探究——超馬跑者林義傑橫越撒哈拉沙漠之歷程與意義〉，臺北：臺北市立體育學院運動教育研究所碩士論文，2008。

陳雅芬，〈用累積創造奇蹟——人生馬拉松自我敘說〉，臺北：臺北市立大學運動教育研究所碩士論文，2016。

舒國治，〈路跑的時代來了〉，《聯合報》，2006.10.30，A13 版。

跑者廣場馬拉松普查網，〈普查宗旨〉http://www.taipeimarathon.org.tw/survey/，2017.01.20 檢索。

曾文棋，〈誰說女性不運動？萬名女跑者 美麗上路〉，《聯合報》，2013.8.12，A7 版。

第二部曲 路跑民族誌：從 5 公里到 54 公里（2013-2017）

黃安琪,〈跑步,當心 4 大傷害『扯後腿』〉,《聯合報──元氣周報》,2006.10.30,2-5。

黃劍波,〈何處是田野?人類學田野工作的若干反思〉,《廣西民族研究》,3(廣西,2007.9):66-71。

黃啓誠,〈敘說業餘馬拉松跑者的執著經驗〉,臺北:國立臺北教育大學體育學系碩士班論文,2009。

劉一民,〈人類爲遊戲之靈〉,《運動哲學研究──遊戲、運動與人生》,臺北:師大書苑,1991。

劉一民,〈臺灣運動現象學研究底蘊探源──哲學、方法與生存實踐的導入〉,《運動文化研究》,27(臺北,2015.12):7-45。

劉俐珊、彭慧明,〈灣瘋路跑,躍「萬人全馬國家」〉,《聯合報》,2013.08.27,A5 版。

劉彥良,〈高齡馬拉松選手的經驗敘說〉,臺北:國立臺北教育大學體育學系碩士班碩士論文,2007。

關家良一,《跑不教我的王者風範》(葉東哲、鄭舜瓏譯),遠流出版社,2012。

Bourdieu,Pierre, *Distinction: A Social of the Judgment of Taste*, trans. Richard Nice, Cambridge : Harvard University, 1984, 257-317.

Bruner,Edward M., "Ethnography as Narrative, " *The Anthropology of experience*, ed Victor Turner and Edward M. Bruner, Chicago: University of Chicago Press, 1986, 139-155.

Marcus,George E., "Ethnography in/of the World System: The Emergence of Multi-Sited Ethnography, "*Ethnography Through Thick and Thin*, Princeton: Princeton Univ. Press, 1998, 79-104.

（本文原刊載於文多斌，〈路跑民族誌：從 5 公里到 54 公里〉，《運動文化研究》，31 期（台北，2017.09）：83-123。）

第三部曲

42.195 公里的自我民族誌實踐 （2017-2021）

42.195 公里的自我民族誌實踐（2017-2021）

摘要

　　身為一位馬拉松跑者與民族誌的書寫者，在此二者彼此交互的過程中，常常引發一些人生的省思與啟示。因此，本研究旨在以筆者 2017–2021 年親身實踐的全程馬拉松為主要田野地，進行田野的觀察與記錄，透過田野日誌的記載與轉化為民族誌的過程中，歸納出五項結論：解除心中的魔咒，跨出第一步；面對挫折，突破自我；英雄是將信念化為實際行動的結果，不圓滿的人生才是真實；追尋能讓自我平靜的路跑賽事。上述成果，可說是回歸內在的聲音，找回自己，進而體悟內心自由的真諦。

關鍵詞： 人類學、馬拉松、自我民族誌

42.195 kilometers of Auto-ethnography practice (2017-2021)

Abstract

As a marathon runner and ethnographic writer, I have been enlightened through the interactions between the dual activities. Therefore, this research aims to use the full marathon practiced by the author from 2017 to 2021 as the main field to observe and record the field. Through the recording and conversion of the field log into ethnography, five conclusions can be drawn: Relieve the curse in the heart, take the first step; face setbacks, break through yourself; heroes are the result of turning beliefs into practical actions, and unsatisfactory life is true; pursuing road races that can calm oneself. The above results can be said to return to the inner voice and find yourself, and then to realize the true meaning of inner freedom.

Keywords: anthropology, marathon, auto-ethnography

壹、緒論

　　書寫研究是一種興趣，跑步是一種習慣。在興趣與習慣之間，二者若能結合，反而更能激發出雙方更大的力量。記錄「田野日誌」是筆者長年的習慣，每跑完一場，田野日誌立刻書寫，透過每場路跑賽事的仔細觀察與反省，往往得到內心很大的回饋，這些收穫，更是筆者堅定繼續下去的動力，也是自我成長的關鍵。

　　2021 年因為 COVID-19 疫情再度爆發的關係，使得能參與的場次又急速下降，上半年許多已經完成報名的場次，幾乎全部取消，只剩下自我訓練相伴了，疫情下的運動世界，產生了極大的變化，彷彿世界暫停了一樣。不只室內各項運動暫停，戶外運動也跟著受到影響。口罩不離身，也成為常態。這對筆者而言，是一項契機，也是另一項轉機。

　　因此，利用疫情空檔的時間，回頭再去閱讀過往的「田野日誌」、不斷咀嚼與反思，馬拉松的場景有如臨場再現，回味無窮，這些記錄益顯彌足珍貴。在不斷奮戰的過程之間，2017-2021 年，筆者的全程馬拉松田野日誌又累積了 30 篇。挑戰的層次愈高，無論視野的廣度與生命的厚度，書寫的想像空間也更加的具有詩意與禪意。

　　於是，自我民族誌（Autoethnography）開始書寫，設定目標，希冀能將各式各樣的經歷與體悟化成文字，完成重要

的書寫，並且不斷地繼續研究與發表，也就是終身運動與終身研究的夢想。而終極之目的，即是把自己看成一個對象，反思自我所以成為「人」的根本所在，再去理解「他者」，完成生命的內省。[1]自我民族誌是一個好方法。

探究的過程中，您會發現，我們都有驚人的潛力，懷疑才是我們最大的絆腳石，而你敢挑戰自己的個人極限嗎？如果你可以揮動一根魔杖，你想做什麼或想要實現什麼？你願意多加考慮嗎？如果不是你，那又是誰？本篇自我民族誌，最後，期許能引領大家，為自己帶來更多生命的驚嘆號！

本研究共分八大段：第一段「緒論」說明本研究的背景與目的；第二段探討自我民族誌的論點與方法；第三段到第七段則從馬拉松的田野日誌書寫出自我民族誌的文本。最後，第八段提出本研究的總結與省思。

貳、回歸自我——自我民族誌

個體的創造性與能動性，所具有的自身驅動和解放力量在當代的民族誌中，具有啟發性的思考，它能擺脫集體的壓

---

[1] 徐新建，〈人類學方法：采風、觀察？還是生命內省？〉，《蘭州大學學報（社會科學版）》，5（蘭州，2016）：94。

制而不被埋葬。[2]自我民族誌，更是其中的一項特點，能動者即是行動的主體。

一、自我民族誌的位置、立場與特點

　　民族誌的發展可以分為三個時代。第一個時代的主要特徵是較為鬆散與自由放任。寫作的理由和閱讀的動力主要聚焦於「新奇」。第二個時代的主要特徵是以專業訓練的素養進行參與觀察，居住異文化時間長久，強調文本越純粹越好，注重民族誌的客觀視野。[3]

　　第三個時代是一個多元發展的時代，民族誌在各個方面都變得更開放。這個時代的民族誌是真正的屬於這個時代的社會與思想。[4]在此多元後現代時期的學術氛圍下，人類學並未死亡，運動人類學更有無限的前景，田野無所不在，等待不斷的發掘與開創。[5]自我民族誌又是另一項視角與方法。

　　長期以來，民族誌作品大多聚焦於中觀族群或社會的他

---

[2] 拉波特（Nigel Rapport）、奧弗林（Joanna Overing）著，《社會文化人類學的關鍵概念（Social and Culture Anthropological）》（鮑雯妍、張亞輝譯）（北京：華夏，2009），1-7。

[3] 高丙中，〈民族誌發展的三個時代〉，《廣西民族學院學報（哲學社會科學版）》，28.3（廣西，2006.05）：58-63。本文是詹姆斯·克利福德、喬治·E·馬庫斯所著《寫文化：民族誌的詩學與政治學》一書的譯序。譯者：高丙中、吳曉黎、李霞。北京：商務印書館，2006 年。

[4] 高丙中，〈民族誌發展的三個時代〉，63。

[5] 文多斌、徐元民，〈國際上運動人類學門的發展〉，《臺灣體育學術研究》，57（桃園，2014.12）：18。

者表述，對人類整體與個體缺乏足夠關注。因此，整體人類學，需要回歸人類整體，也需要回歸個體、回歸自我。自我民族誌是整體人類學路徑反思的重要維度之一。[6]因此，自我民族誌是一種微觀的視點。

自我民族誌更是一種個人與文化的互相聯繫，將自我置於社會文化背景上來探究的研究方式與寫作形式。綜合了後現代民族誌和後現代自傳。[7]簡單的來說，自我民族誌就是將個人親身經歷進行了描述，並對個人的文化經歷進行了反思性的說明。[8]那麼，除了個人的反思，是否還有更進一步的探討呢？

透過自我反思和身分的文化折射來解釋文化，這是自我民族誌表現的一個決定性特徵。[9]這個特徵說明了，以微觀的自我，並進一步討論中觀的群體，更可再擴展到關注整體文化、解釋文化。

為了達到上述目的，經驗主義的田野工作傳統中，人類學建立了一些特殊、先於理論的傾向，形成了一些特定的態度與習性。諸如：開放性與關係性的自我；主體位置的不確

---

6 徐新建，〈自我民族誌：整體人類學的路徑反思〉，《民族研究》，5（北京，2018）：68-77。

7 Deborach Reed-Danahay, *Auto-ethnography: Rewriting the self and the social* (New York: Berg, 1997), 2.

8 蔣逸民，〈自我民族志：質性研究方法的新探索〉，《浙江社會科學》，4（杭州，2011.04）：11-18。

9 Tami Spry, "Performing Autoethnography: An Embodied Methodological Praxis." *Qualitative Inquiry*, 7.6(California, December 2001): 706.

定性；高度的反身性與批判性；情緒與倫理抉擇的工作。[10]
自我民族誌的主體位置雖然明確，但是，反身意識的性質和
深度的紀律應不斷被重新思考。[11]這個思考，具有不斷反思
的意涵。因此，雖然自我民族誌研究的目標與民族誌研究相
同，是獲得對自己和他人的一些洞察力，象徵性地研究人類
行為。但是，民族誌常被當作產品來進行研究，也就是說人
類學書寫與田野調查之間的時間落差，而以時間差及語言手
段將研究對象框架在現時性與現代歷史之外。[12]所以，自我
民族誌，可以克服這個問題，具有相當區辨性的意義。

　　綜而言之，本研究即是筆者的親身實踐經驗，將田野置
於當下與現時性。希冀帶來除了自我生命的內省，也能連到
群體意義，更進一步為人類的生命意義帶來正向能量。

---

[10] 林開世，〈什麼是「人類學的田野工作」？知識情境與倫理立場的反
省〉，《考古人類學刊》，84（台北，2016.06）：96。作者認為，人類學
家在經驗研究時，應繼續保持對田野情境變化的敏感與開放。一種「逼
近真實」的倫理態度。其次，要對「真實再現」這種想法採取一種批判
與警覺。再者，在田野中持續的來回看待自己與別人的主體性，塑造了
人類學者高度的「反身性格」。

[11] Sherry B Ornter, "Theory in Anthropology since the sixties" *Comparative
studies in society and history, 26.1*(Cambridge, January 1984): 126-166.

[12] Johannes Fabian, T*ime & The other: How anthropology makes its object.* (New
York: Colombia University), 2014, 139. 人類學者大多不願意以「同時共
代」（coevalness）的心態來看待他者、土著、異文化等。

二、有關台灣體育運動與自我民族誌的文獻搜索

　　筆者 2021 年 7 月 28 日搜尋華藝線上圖書館，以自傳式民族誌，所有欄位搜尋，其中期刊文章 3 篇，碩博士論文 3 篇，電子書 0 筆。以自我民族誌，所有欄位搜尋，其中期刊文章 3 篇，碩博士論文 13 篇，電子書 9 筆。有關體育運動的文章，付之闕如。[13]筆者認為，由於運動員大多時間關注於訓練、比賽，未有多餘精力記載田野日誌的習慣，再加上學術論文書寫能力的限制，因此要以此方法論書寫的確有所困難。然而，雖然已有眾多運動員的自我敘說論文，但因未能養成書寫田野日誌的習慣，無法實際當下進入真實的田野觀察與記錄，若僅靠事後的許久回憶當下，必會產生「真實性」的討論。[14]因此，自我民族誌與體育運動相結合的論文，目前仍有待起步與開拓。

---

[13]　「自傳式民族誌」與「自我民族誌」，英文「Auto-ethnography」或「Autoethnography」意思是相同的，兩岸學者都有使用，本篇研究採用「自我民族誌」。

[14]　有關真實性的討論可參閱，彭兆榮，〈民族誌視野中「真實性」的多種樣態〉，《中國社會科學》，2（北京，2006）：125-138。

三、進入田野與方法

　　筆者的田野地為 2017-2021 年，筆者所參與臺灣所舉辦的全程馬拉松賽事共三十場（詳見附件一），輔以半程馬拉松、10 公里上下的小路跑。筆者從 2013 年從事路跑以來，每場賽事的前、中、後皆仔細觀察，賽事結束後立刻書寫所觀察的各項「雞毛蒜皮」小事，沿途或拍照、或錄影、或訪談、或對話，樂此不疲，已成習慣。

　　電子設備則是使用馬拉松世界手錶與 APP，記錄筆者路跑時的各項數據。包括：距離、配速、心跳、溫度、濕度、消耗熱量、平均步幅、平均步頻、平均心跳、總爬升、地圖等等。這些電子數據，是有別以往的紙筆觀察記錄。

　　綜而言之，筆者以為，田野工作（fieldwork）是一種「方法」（method），是一種「經驗研究」（experience for research），也是一種「視野」（vision）探索的活動。最後，田野工作的成果則為民族誌（ethnography）的展現。本篇研究則為 42.195 公里全程馬拉松為主，輔以未滿 42.195 公里全馬賽事的自我民族誌。

參、天生就會跑？解除心中魔咒

你愛跑步嗎？「人不是因為衰老才停止跑步，而是因為停止跑步才衰老。」[15]有哪一種運動，是你可以與頂尖選手或是國手一起上場比賽的項目呢？這項運動就是馬拉松。不分年齡、不分性別，可同場競技。

一、運動價值的追尋

在嘗試六場的全馬與一場的超馬後，除了心理上已經跨過了那個門檻，身體也開始逐漸適應 30 公里以後的距離考驗。也就是測試出、實戰出自己的能耐與訓練的量是否足夠。

當然，初期報名時，仍然會考慮著適合馬拉松的季節與大會規定的完賽時間長短為依據，再來考量的就是馬拉松的玩心與內在價值的追尋。

前面二公里還算平路，後面開始大上坡，長達六、七公里，為了不讓大腿抽筋或是後面無法完賽，開始慢慢的

---

15 麥杜格（Christopher McDougall）著，《天生就會跑》（王亦穹譯）（台北縣：木馬文化事業有限公司，2010），299。

跑，上坡能走就走。在漫漫長路上，先設定折返點的目標，福崇說是 26 公里折返，感覺好遠。一開始每小時大約有六公里，前二個小時跑了十二公里，進度正常。後面第三小時掉到十五公里，最後折返點花了四小時半，想說應該沒問題，最後的十六公里花四小時應該沒問題。回程時又大多數下坡，但腳底板不夠爭氣，非常不舒服，這就是欠缺訓練，又回到剛開始跑馬時的初步狀態，還好沒有起水泡。總之，每次邊跑邊罵，總認為跑馬拉松真的是自虐的運動，為何要一報再報呢？（20171001 田野日誌：烏來馬拉松）

烏來馬拉松創辦的宗旨就是讓參賽的選手能吃飽吃滿，充分享受大自然的芬多精，也希望能帶動烏來地區的觀光，創造多贏的局面。這種方式，吸引了每年來朝聖的跑友。八小時半的關門時間，讓眾多平民跑者，有挑戰的勇氣，豐盛的補給內容，讓跑者吃到跑不動。每年暑假過後，就是跑者開始復出之時。炎熱的夏天，實在不適合訓練。所以，筆者常常會從九月分開始報名賽事。希望冬天之時，能調整到高峰。因此，九月與十月分的賽事，跑起來都特別的辛苦。

6:00 開始起跑，前面狀況超好，有達到我的標準。第一個小時，跑了 8 公里。第二個小時遇到上坡，我的天呀！還好有跑到 7 公里。前面 4 小時，我共跑了 29 公里，算是達標。還剩 2 小時半，必須跑完 14 公里。此

時，體力下滑，股四頭肌開始緊繃。必須一個小時完成
6 公里，最後那個半小時完成 2 公里才能完賽。於是我
緊盯著時間，1 公里必須 10 分鐘完成，不斷的追趕。雖
然補給很棒，但不能花太多時間停留。水，運動飲料，
可樂，檸檬，香蕉，餅干，橘子，豆干，麻糬，油飯，
融入了當地特色，真是豐盛。可惜要趕時間，最後我以
6 小時 18 分完賽，達標。回來才知道有延長時間，但是
依照原先的時間，才是我們應該挑戰的，不能每次都祈
禱大會延長時間吧！（20171105 田野日誌：第九屆遠東
新世紀馬拉松）

　　每當關門時間是六小時三十分的馬拉松，筆者就會很緊
張。就算有再好的補給也不敢吃太多，停留時間也不敢太
久，深怕無法完賽。

　　今天陪福崇領 10 馬獎，所以報名了這場馬拉松。因為第
一次跑，所以從不知這場的艱困度。只知道，7.5 小時
應該可以完賽。等到賽事接近了，才知道原來是跑 4
圈。這個上上下下的賽道，前二圈跑起來還可以，最後
一圈，真是痛苦了！遇到撞牆期。本想以 1 小時 6 公里
的速度抓在 7 小時完賽。沒想到最後 1 圈還是沒辦法。
最後以 7 小時 8 分完賽。左右腳掌小趾頭上方，摩擦出
血。推想應該是加了一層鞋墊，上方空間變小因此摩擦
出血。好在並不是很嚴重。腳底板，也用了 3M 透氣膠帶

貼上，所以沒有起水泡。（20171118 田野日誌：寶二水庫馬拉松）

跑馬拉松最害怕的就是路線一直重覆，失去了沿線不一樣美麗景色的期待，就好像是跑操場繞圈圈一樣的枯燥。所以非不得已，筆者不會參加。其中有一場北大的馬拉松很特別，在跑友不斷的邀請下，筆者最後欣然同意，還好慶幸有參與這場馬拉松，因為，之後竟然停辦了。

8:00，6 小時組與 8 小時組一起出發。12 小時組的已在 6:00 開跑了！所以到會場時已經有人在跑。個人覺得參加 8 小時的剛剛好，不用太早起，也不用跑太累。第一小時很順利跑到 7 公里。第二小時也很順利跑到 14 公里，第三小時也很順利。第四小時我開始掉速了！但還有 26 公里。隨後我開始估算走一圈大約要 40 分鐘，認真小跑一圈大約要 25 分鐘。開始注意完賽時間。不能在補給站待太久。補給的項目很多元，也有私補團體。三角湧團隊，提供我啤酒，西瓜，紅豆湯，沙士，牛排，真是太佛心了。甘巴茶提供了啤酒與香腸，讓我非常感動。噗嚨共 Ya 跑團很熱情提供炒麵與炒蛋。大會補給有熱茶，豆漿，冰咖啡（是買一罐罐的黑咖啡，不惜成本），還有豆花，蘋果，芭樂，豆干，蛋糕，可樂，舒跑與水，還有很多我記不住的食物。實在太豐盛了！這 8 小時只有最後一小時沒在趕路，其他都不停在追趕，

真的很辛苦，每場馬拉松都是用意志力換來的。攝影師有帥杰，思縈，長頸鹿，潘世偉，汪汪，定堯，還有一些我不認識的。這場馬拉松的標語很特別，我特地有拍下來回味一下，並上傳臉書，希望能帶動大家運動的風氣。最後我順利完賽，非常高興，雖然真的很累。

（20180318 田野日誌：北大 6H 8H 12H 超馬）

依據上述筆者的田野日誌，可以發現，有些跑者為何跑那麼多場馬拉松，為何仍瘦不下來，馬拉松有點像是一場運動嘉年華會一般。北大校園適合家庭式的活動。男人去跑，女人帶著小孩在學校綠色草地享受陽光、享受新鮮空氣。爸爸經過時，幫爸爸加油，非常適合全家一起的家庭運動日。搭配的標語：「寧願痛苦的跑，也不願有一天坐輪椅。」「親愛的，今天是為你跑的。」「為父母而跑，善盡孝道侍奉。」「馬拉松幾百場，生命只有一場。」「家人需要你，棄賽不可恥，散步不丟臉。」這些標語，的確有激勵與安撫的作用。

6：00 準時開跑，關門時間 7 小時，第一圈覺得還很順，第二圈開始繞大圈在中興與長安球場入口才進去，陡坡挺長的，前面 3 小時 20 分才跑了 21 公里左右，心想不太妙，想利用下坡衝速度。第三圈才發現大會設有關門點，12：00 是感應器那站的補給站。大會好心的人一直問要不要上車，我堅持不要，還好有堅持住，讓我保住這一馬。我是倒數第二，另一位是 70 歲以上的老醫

生，他賣命的跑，也不放棄，還好，我堅持住了，大會最後等我們跑完才關門。（20191020 田野日誌：湖口馬拉松）

這場筆者見證了老一輩跑馬者的風範，儘管慢，仍堅持到底。他的特色是跑時手中會提一個塑膠袋，裡面裝了一些寶貝。他跟我們不一樣會用腰帶，真的很特別。所以，筆者每次碰到他，都會向他致敬。他的運動精神，實在值得我們後輩學習。馬場上，有太多太多的範例，這就是內在的運動價值。

二、向前輩學習

每場馬拉松，筆者都會碰到一些路跑界的奇人，他們不求速度，只求關門前完成賽事。它們是真正享受馬拉松過程的跑者。他們的目的不在奪牌，而是征服自己的身體。

今天是我的第 15 個全馬，前面狀況很不好，碰到爬坡，完全不想跑。沒有達到超前的距離，以致於後面疲於奔命。3 小時才跑 21 公里，而且是趁著下坡追上進度。但是，還剩 3.5 小時，要跑後面 21 公里是很吃力的。還好在最後 8 公里處碰上跑 500 馬以上的鳳姐，她專門跑關門馬的。所以我就跟著她，請她帶著我完賽。她的跑走

功力實在太強了，那種連續的搖擺跑走，腳好酸啊！但心肺呼吸不會累，今天總算見證到了！最後我在大會的時間 6:29:27 秒完成了本次全馬，好驚險啊！（福崇師在終點，幫我紀錄了這一刻）爬坡厭世，繞三圈的路線也厭世，那麼厭世還一直跑，真是奇特的路跑心理學啊！（20181103 田野日誌：第十屆遠東新世紀馬拉松）

鳳姐是筆者在初馬時還不認識的跑者。當時跑得極累的我，看到她，哇！有這麼拚的女長者，還告訴筆者說，爬坡最好，練腿力。後續踏入全馬後，就常常碰到她了，特別是在後半段，一定會刷我的卡。這些路跑達人，他們從頭到尾均速的跑走法，非常厲害，筆者佩服的五體投地，不斷地請教她，邊跑走邊聊，她的雙腳變換的很快，就是步頻，親自嘗試下來，雙腳其實是很酸、很累；但不會跑得上氣不接下氣，這就是平常要練習的持久力。鳳姐每星期幾乎都跑馬拉松，已經成精了。

前面二小時，進度不錯，約有 15 公里，三小時大約跑了 22 公里。隨後體力下滑，最痛苦的 21-30 公里，是我個人目前最難熬的地方。再來就是最後 2 公里。虎尾馬沿途每站都有烤雞，非常恐怖。很少會有的星巴克冷萃咖啡，非常好喝。31 公里處碰上鳳姐，跟了她 6 公里，最後跟不上，讓她離我遠去。37 公里處，大仁，繡紅，福崇在汪汪攝影地點等我，拍了照，還剩 5 公里，咬著

牙，撐過了，亂入超級百馬團拍照，大會時間 7 小時入
終點。（20191201 田野日誌：虎尾馬拉松）

　　在跑馬拉松過程中，有好友相伴是幸福的，在長時間的
過程中他們可以激勵著你，帶領著你，鞭策著你，無論長
短，精進自己的能力跟上去，你就能達到終點。

　　今天我們四人預計 6 小時 30 分完賽，但是我實在無法達
成。前面的路程，我不適合邊跑邊玩，必須按照自己的
步調完成……26 公里至 36 公里是一大挑戰，大仁帶著
我跑 100 步，快走 100 步，幾次後，真的是累到了！不
過還好有這段帶領，不然真的來不及了……每一場都是
用生命在跑啊！本次碰上一位 66 歲的阿伯，速度很慢，
姿勢動作都一樣的男跑者，最後早我一分鐘完賽，我真
的相當佩服他的毅力，總速度竟然比鳳姐快。
（20181216 田野日誌：通霄濱海追風馬拉松）

　　筆者對高手的定義有很多，就是他們可以邊跑邊玩，想
要加速就可以加速，玩掉的時間總是能補回來。就算在他們
玩的時間你超越了他，他最後還是可以追過你。另一種是，
你前面比他快，後面若掉速了，他依然在後面不慌不忙的可
以超越你，這就是高手。健康組的全程馬拉松比的不是快，
而是毅力、耐力、持久力。每次在馬場上，我都會關注年齡
大的跑者，並且會與他們聊天並稱讚他們，從中學到他們跑

馬拉松的經驗與人生智慧。

　　有很多人都會說，跑馬拉松嗎？不行啦！我年紀這麼大
了！筆者都會舉出非常多的例子告訴他們，這些都是藉口
啦！向前輩學習，就是筆者跑馬拉松獲得的多項珍寶之一。

> 此行碰上了一位 65 歲的跑者，他告訴我他有肺腺癌，今
> 天來排毒，他的一些朋友們都走了，想說還是出來跑
> 跑，他說他高中就開始跑全馬了！算是老前輩，他說他
> 不煙不酒，得癌症，我說遺傳居主要因素，他說是的，
> 所以他說要活就要動啊！每次跑馬拉松，最喜歡聽到每
> 位跑友的故事，真的是非常精采。（20190112 田野日
> 誌：陽明山超級馬拉松）

　　陽明山超級馬拉松的路線其實蠻陡峭難跑的，碰上這位
阿伯來挑戰除了敬意以外，真的有一種必須活在當下，珍惜
現有之感。有時候這些對話，真的是筆者繼續跑下去的動
力。否則，凌晨三點就要起床，開車到會場，真的是一種煎
熬。沒有動力，真的無法達成啊！向前輩學習，努力實踐，
夢想就在不遠方。在不斷向前輩學習的過程中，2019 年是筆
者完成全馬數最多的一年，共十一場。開始思考著，全馬的
成績要如何才能進步呢？

肆、挫折轉折——突破自我的密技

2020 年初，COVID-19 疫情爆發，原本要出國的筆者取消了行程。全國高中職以下（含高中職）將延後開學 2 週，從 2 月 11 日延後到 2 月 25 日，暑假則縮短兩週。全台灣的馬拉松也相繼取消。思索著，該做些什麼？

一、168 飲食調節計畫

筆者在想，這個時候應該可以開始實施 168 計畫來降低體重，讓身體在跑馬拉松時的負擔能夠變少。

特別是，每次看完馬拉松後的照片，發現筆者的身形真的是太重了，覺得愈來愈不滿意自己，為什麼愈跑愈多，反而愈重；而且胃口特別好，又不忌口，造成體重直線上升，真的應該要好好自我檢討。

> 最近開始了一項人體實驗計畫。此項計畫，主持人是小弟我，無科技部經費贊助，無助理。參與成員，只有在下自己。目前已實施一星期，此計畫為晚間 18:00 後，不再進食。間隔 16 小時開始進食，8 小時內進食完二餐，故名 168。（2020/0229-0307 168 實施週記）

這個計畫預計實驗八週，希望在八週內能達到減重的效果（詳如附件二）。一開始並沒有很大的信心，但隨著時間的增加，成效開始漸漸地展現。

人體實驗計畫第四週已經完成。這星期許多看到我的人，都給予小弟相當大的鼓勵。真是感謝大家。包括：臉變小了，有腰線了，肚子變小了，側腰肉減少了。體重的減輕是很緩慢的，我主要是在測試燃燒我多餘的脂肪，透過晚上六點後不再進食的方式（當然，有時會犯規），將身體內多餘的脂肪，能夠燃燒。（2020/0321-0328 168 實施週記）

自己說自己覺得瘦不準，別人說的才最準。雖然筆者有記錄體重，知道自己減輕了，但是最大的成就感還是來自於他者。

從這七週來看身體感的過程，發現，現代人真的吃太多，吃太好了！透過調整飲食習慣，身體會慢慢的適應。如何調整食慾與心慾，也就是心與物的調和，聖嚴法師有很棒的看法：「儒家，道家和佛教對於心的看法雖有不同，可是他們的出發點都是希望轉變人的氣質，超越物性與人性的對立，這種超凡入聖的過程，佛家稱為解脫，道家稱為回歸自然，儒家叫做成聖成仁，由此

看來，各家對心的重視是相同的。」[16]但是，要離此境界，還遠的很呢？（2020/0411-0418 168實施週記）

第七週破了9字頭，下午騎自行車試踩了一下，覺得踩起來輕鬆許多，整個心境都不一樣了。真是神奇。

本次八週實驗，並未搭配運動，所以很純粹是體飲食的控制。也許下一步的輕斷食，必須正式開始，並搭配運動，成績才會更進步；但也很怕加上運動後，飢餓的控制要更有毅力。這八週，首先適應18：00前，吃完晚餐，並控制量。下次實驗，再行調整。（2020/0418-0425 168實施週記）

調整飲食習慣，跟跑馬拉松一樣，都是必須靠意志力，必須忍受飢餓，忍受美食誘惑，忍人所不能忍。當有一點成效時，就是你再進一步努力的動力。所以，為了能讓馬拉松跑起來負擔能夠輕鬆一點，這相輔相成的道理，是一定要堅持下去的。

---

[16] 聖嚴法師，《找回自己》（台北市：法鼓文化事業有限公司，2005），99。

二、正向思維，迎接挑戰

2020 年 9 月 12 日「榮耀九三 向國軍致敬」路跑嘉年華，2020 年 11 月 21 日母子鱷魚首屆國際 Y 拖馬拉松-臺北場。這二場，是筆者實施 168 調整飲食計畫後的正式二場全程馬拉松，跑起來的確輕盈舒暢，賽後的照片看起來也非常清爽，明顯的瘦身成功。特別是，在前半程的距離，非常舒暢；但後半程的耐力，因為疏於長距離練習，跑起來顯得肌耐力不足，是未來要修正之處。

2013 年 12 月 6 日，筆者第一次參加礁溪超半馬 23K。我以：計畫的身體、亂跑的身體、渴望的身體、對話的身體、愛比的身體、疼痛的身體，為本次自我敘說的感想。相隔七年，2020 年 12 月 5 日礁溪馬拉松，筆者勇於挑戰全程馬拉松，驗證自己的進步與自我挑戰。

> 一早碰上王教授等好友，拍個照，開始起跑，前三公里很棒，速度夠。後面有七公里的上坡上櫻花陵園，很虐心。還好時間夠，大會在 32 公里處設有關門點，還有二小時，跑 10 公里是綽綽有餘。但簡章上沒有寫，許多新手莫名其妙被拔晶片上車。有位詹凱的跑者，很生氣，回來也在靠北馬拉松社群靠北。這是本次礁溪馬的缺失。還好我前面跑得快。（20201205 田野日誌-1：礁溪馬拉松）

宜蘭好山好水，非常適合跑馬拉松，特別是跑完後能夠享受一下湯泉，更是跑馬者的一大恩賜。筆者的初超半馬就是在這場達成的。當時心裡想著，這些跑全馬的跑者太強大了，竟然能繼續後半馬的路程。尤其是櫻花陵園那一段大上坡。如今，筆者也辦到了。

> 睽違 7 年，我又再次挑戰礁溪馬，不過這次挑戰的是全馬。我以：友誼的身體、挑戰的身體、轉化訓練的身體、詩意的身體、意志力的身體、自我超越的身體。為本次路跑自我敘說心得。（20201205 田野日誌-2：礁溪馬拉松）

這種身體感的多樣性與多變性，讓筆者多年的汗水與淚水，終於達到了突破，突破 2013 年的生澀與苦痛，超越了自己的極限，身心靈達到最佳狀態。

> 7 點起跑，我就跟著大家，也不覺得奇怪，結果看我的新馬拉松世界手錶發現，6 分多速，竟然不會累，第一個小時竟然跑了快 10 公里，嚇死寶寶我了。心想今天有可能破 PB。再加上新手錶有預估到場時間，最後 7 公里處，5 小時 30 分列車，超過我，我加快腳步跟上。跟了 2 公里，腳快抽筋，放慢速度，自己依照自己之速度。最後時間 5 小時 32 分 49 秒，大破紀錄。（20210101 田野日誌-1：長堤曙光馬拉松）

今天各地受到寒流影響，氣溫非常低，大約只有 10 度左右。筆者甚至帶上了手套，穿了長褲長袖保暖，希望不要失溫。一直跑，不太敢停下來，因為一停下來就會冷，再加上馬場町又空曠，沿途都是平路，所以，破了個人最佳紀錄。內心非常感動。真的是，2021 年最好的開始。

> 在終點休息過程中碰上 74 歲的老跑者，他們真的是在路跑中，享受幸福、體悟健康的智者。另一位是低調的 100 馬跑者，1992 年就開始跑，2021 年才到達百馬。30 年才百馬啊！真令人佩服。看來，堅持到底是唯一的路。（20210101 田野日誌-2：長堤曙光馬拉松）

特別記下這二位的原因是，他們二位的速度跟筆者相仿，互有超越。這位 74 歲的老跑者速度不差，看著她奮力向前的模樣，讓筆者也不敢偷懶，互相激勵。另一位，發現他時，是跑在他正後方，腰際上掛著一片布寫著 100 馬，請為我加油。他沒有任何人陪伴，只有他自己，沒有大旗，沒有紅布條背在身上，就是低調，於是筆者跟上他，聊了一會兒，彼此打氣，彷彿看到我未來應該要持續堅持的勇氣與目標，好像也看到了未來的自己。

伍、英雄的到來——百馬慶儀式文化

　　能夠累積到第一個百馬，對於馬拉松跑者而言，是一項莫大的榮耀。在以前賽事不多的時代，要累積第一個百馬，平均要花上至少五、六年左右以上的時間。[17] 2015 年 6 月 7 日，筆者所屬的跑團誕生第一位百馬者呂其燊，選擇了「北港馬拉松」慶祝儀式，筆者當時的能力不夠，只能在會場中協助與記錄並參與慶功宴。2016 年 11 月 16 日本團團員李國憲與謝秉宏的雙百馬更是盛大，選擇了「艋舺馬拉松」，筆者這次選擇了跑半馬共襄盛舉。原來百馬慶要動員到如此多人，事前、事中與事後的規劃，都要鉅細靡遺的計劃與執行。

一、信念與行動

　　近年來，由於賽事增多，累積到百馬數量的跑者也快速增加。目前更已經有達到八百馬以上的跑者，他們幾乎每個星期都跑，甚至星期六、日都跑，我們稱為連日馬，毅力相當驚人。他們的信念非常堅定，因此最後才能花開結果。

---

[17] 筆者依據：跑者廣場-馬拉松普查網，統計目前 1-10 名跑者，前 100 馬累積的時間平均。目前前二名已累積 800 馬以上，搜尋與統計時間 2021 年 8 月 7 日。網址 http://www.taipeimarathon.org.tw/survey/

這場原本沒有要報名，但因為是繡紅的百馬慶典，所以必須要參加。2月23日星期六剛好碰上補課日，為了避免開夜車，所以下午請假提早到達「真正好旅店」入住，順便觀察好地形。晚上選手之夜在咕咕寶缸雞吃飯，最後由繡紅老公，武松兄請客……我們晚上11：50散會，早上5：00起床，步行到會場，準備出發。第一個小時我跑了八公里，心想狀況不錯，但是後來體力下降，猜測應該是我練習量太少，平常都只跑五公里，都是靠這幾年來的積累。由於我很瞭解自己，不能跟他們邊跑邊拍照，否則後面很難衝刺。我們必須要知道，最後的五公里，可沒那麼簡單啊！還好大仁哥30公里又開始帶領我跑走，讓我撐過了30-35公里。最後，在后豐鐵馬道的隧道內，跑到很難呼吸，以前騎腳踏車沒感覺，這次很有感。我們最後做到了，大家全部時間內完賽，真令人感動。（20190224 田野日誌：臺中花博馬拉松–車繡紅百馬團慶賀）

　　要參加百馬慶，首先要評估自己的實力能否完成。免得拖累了整體進場的時間。所以一般百馬慶典，很多都會在關門時間前進入終點。先跑到的隊友，會在終點前集結處先等待主角的來到。由於百馬是一件大事，所以沿路的攝影師都會特別的照顧，協助集體拍照留下美好的回憶。因此，會浪費一些時間，這些百馬的跑者，各個實力堅強，最後總能依照關門時間進場。在路途中所浪費的拍照時間，都會加緊腳

步的補回來，是眞正的馬場老手。

　　2019 年 4 月 13 日，「轉動生命，爲愛啓程——桃園市防癌宣導公益馬拉松」筆者參與的過程中剛好碰上跑友 LULU 的百馬慶，雖然她並非我們的團友，但是身爲跑友，我們也會一同共襄盛舉，在賽道上跟她道賀，也會拍照留念，對其表示崇高的敬意。她也是一位非常認眞的女性跑者，假日都在跑馬拉松，不求速度，只求完賽，意志力與信念，值得大家的學習。信念是一個關鍵要素——知道正在發生什麼，正在發生什麼（現在）；知道我們在哪裡以及我們是誰（身分）；知道我們要去哪裡以及我們眞正想要什麼（目標）。信念是學習旅程中的靈魂，在身體和我們自己的精神永恆部分之間找到並體驗平衡。[18]挑戰自己的卓越，永不嫌晚。

二、運動與人生

　　2019 年 9 月 1 日的「榮耀九三馬拉松」，是我們創始團員之一的副團長暉哥的百馬慶，雖然已離開本團，但仍屬於亂跑團之友，我們依然爲他慶賀與祝福並共同拍照留念。這就是人生，馬場處處有溫情。

　　福崇老師比筆者晚一年進入跑馬界，如今已邁入百馬英雄的行列，筆者深感佩服他的意志力與決心。不僅如此，他

---

[18] David Hemery, *Sporting Excellence: What Makes a Champion?* (London: Collins Willow, 1991), 267-268.

還比筆者大 10 歲，現今已六十多歲。運動有如人生，天道酬勤，你若精采，天自安排。

此次是我的好同事福崇的低調正百馬。當然要參加。哇！因為疫情的關係，距離 1 月 1 號曙光馬拉松已經 9 個多月沒跑了！很可怕，每日的練習也斷斷續續的。特別是碰到了開學，一切步調還在適應中。今天很早就醒來，凌晨 3：35 分就已抵達石門水庫，等到 04：00 開門才能進去，進去後在車上睡到 05：30 左右，跟福崇、大仁、繡紅還有村哥會合拍照。06：00 一到，起跑，第一個小時，路線是平的，有跑到 7 公里，第二個小時跑到約 13-14 公里。隨後，小 iPhone 沒電了！從南苑登上壩頂後，開始上上下下的環湖公路，非常累人。還好碰上了江湖中傳說的健走達人「斗笠翁」，跟著他約一圈左右（金龍活魚到百吉再到東尼咖啡繞二圈-大會路線）。股四頭肌一直在抗議，大會有一位年輕的裁判，特地為我送來肌樂，舒緩了不少。最後的九公里真是一條超級無敵漫長的道路啊！彷彿世界停止了一樣，這是一有趣的研究課題。最後 7 個半小時左右完賽，拿下第 30 馬。
（20200912 田野日誌：榮耀 93 馬拉松 福崇百馬小記）

福崇是一位認真練習的跑者，非常認真，每天都勤加練習，比我晚踏入馬拉松界一年，如今已累積百馬的場次，真是令人敬佩。尤其是退休後，更是積極苦練，沒跑馬拉松的

時候，就是跑山，毅力與恆心都非常值得筆者學習。他的百馬是非常低調，找了幾位比較親近的跑友，一同慶祝。我們也非常樂意。

> 百馬儀式大仁很傳統也很周到，準備相當的充分，旗幟，橫幅，私補，小伴跑禮等等，現場會勘多次，完賽又準備完賽飲料，真是心思細如絲，胸懷眾跑友，大夥兒集合團拍後出發。由於疫情的關係，能跑就是幸福，見到老朋友大家格外興奮。6 點起跑，一開始狀況出奇的好。前二小時，跑了 16 公里，前半馬也創下新紀錄，後半馬體力下降，大會總距離又多加了 2 公里，等於跑了 44.195 公里，讓人意志消沉，覺得崩潰。還好最後大家都能順利團出團進，大會時間也不留情面，準時關門。事後回想，應該是開學以來，下午勤練桌球，假日小跑，產生的影響。當跑膩了，換換其他運動其實也是很棒啊！（20201121 田野日誌：大仁百馬慶 丫拖全馬小記 恭賀大仁）

　　要準備百馬，要動員很多人的幫忙，有時候靠的是平常在馬拉松界的付出與努力。人緣好是大仁的特點。雖然他很想低調的完成，但還是很多人來一起陪跑與幫忙。大仁公司的同事，也特地設了一個補給站，補給百馬團的跑友，備感溫馨。這場的馬拉松也是因為疫情的關係延期到 11 月分。對於百馬慶的跑者而言，的確是一種煎熬。

上述大段引文中的三場百馬儀式，是我最要好的朋友場次，因此必當全力以赴，也能鞭策自己，不可偷懶，繼續往前邁進。晉升百馬後，每位跑者的檔次不可同日而語，這是馬場上的象徵性資本，足以讓人敬佩與尊重。速度其實是另一個層次，長期累積的耐心與毅力，更是讓人磨練心性的一大考驗。有時候，活在當下的積極，這就是有意義的人生。

陸、不圓滿的人生才是真實世界

有些跑友常言，若要離開人世，寧可選擇在馬場上跟大家告別，也不願意躺在病床上，受盡痛苦的離去。只是，這種方式，會讓親友非常不捨。

一、無常當有常，活在當下

2017 年 4 月 9 日筆者參加永安漁港海風馬拉松半馬，前 7 公里筆者碰到一位民國 46 年次生的跑者，速度相仿，所以能邊跑邊聊，原來他有一段心肌梗塞的故事，那年是民國 99 年，他的心臟刺痛著，先送到聖保祿醫院，但他不肯留下

來，半夜又刺痛的不得了，最後叫救護車送到長庚醫院，緊急手術，裝了一根支架。從此他開始跑馬拉松。這是算幸運的例子，筆者告訴他我認識一位第二次就回不去的例子，祝福他還是要注意安全。

而在第三部曲中，我所認識又熟悉的跑友，就有四位離我們而去，其中三位就是我們跑團的團員。讓團員們痛心疾首。另一位則是在馬場上常碰見的前輩跑者「斗笠翁」。因為我們的速度都是屬於緩慢型的，所以常常會跑再一起，多次向其請益，如何用健走或是極慢跑的方式完成全馬。

> 一早四點與福崇會合，大雨紛飛，真不想出門，若是我一個人的話，我一定棄賽。到了會場，黑漆漆，難停車，還好最後停到了，離會場不遠。自從93軍人馬後，忙著學校事務，每天幾乎以汗洗身，所以我一點兒也不想去跑步。今天也沒有想很多，反正報了名就去跑吧！一開始的大雨，心想，萬一下整天還得了，還好最後雨慢慢變小，最後更出大太陽，熱死了……此行，顏攝，是最佳補給員，喝了咖啡，紅茶，能量飲，真棒，太感恩了。27號，思縈在綠島發生溺水意外，大家正為她祈福，大仁去台東探望她，因此這場他缺席了，大家在不同的地方，大家一起為她集氣祈福啊！（20190929 田野日誌：復興區心享柿成變裝趴歡樂馬拉松）

思縈是馬場上的攝影師，也是馬場上的歡樂來源，每每在馬場上看到她真的會興奮無比，除了幫你拍上美美的照片，還會準備私人的補給品，讓你驚奇連連。因此，在馬場上人緣極佳。這些行為都是免費無私奉獻的。你可以想見，誰會犧牲假日，到馬場上拍一整天相片，準備吃的喝的，事後還要將相片免費給你呢？思縈是去參加 2019 年 9 月 29 日的火燒島全國馬拉松的攝影工作，賽前參加浮潛活動，發生意外。事後眾多跑友協助相當難過，遲遲無法相信，筆者也與眾多跑友前往靈位與她道別。以後每每在賽道上，彷彿都有她的身影出現，大叫著筆者的名字，那種爽朗的笑聲與叫聲，是大家永遠的回憶。

　　……第二天一早，4：30 前往會場，大夥已就位完畢，團長發黃絲帶，還有分配六面大旗，準備開跑。這次全馬、半馬參加的人算少，我在最後一下子人都出發了，我拿著大旗跟在大家後面，發覺真的跑不太動。還好只有報超半馬，一路上走走停停，跟著浩瑄說，你要保佑我們大家啊！一切平平安安。今天的補給非常好，甚麼都有，又有正平與班長的私補，讓我們不致於中暑。就差自己沒練好而已。參加這場完全是因為要陪浩瑄跑完他的生日馬，不讓他留下遺憾。團長的有情有義，帶動了大家一同參與。（2017092 田野日誌：嘉義市第二屆諸羅山馬拉松）

浩瑄是我們團內的開心果，除了常常帶來給我們歡樂，也帶給馬場上需多歡樂，他穿著皇帝裝路跑的樣子，真是厲害極了。2017年6月17日浩瑄參加閃愛螢光夜跑高雄場，回程時不幸發生車禍，隔日6月18號過世。這種突發而來的消息，讓我們一時之間都還無法接受。前一個星期我們還在一起，一同慶祝團慶。怎知，一星期後就天人永隔了！

　　步入馬場町集合處。此時團長已在會場招呼大家，今天這兒也有林義傑水資源路跑。所以很熱鬧，集合完後，分三組進行比賽。有夾紅豆、綠豆、黃豆一關。吹乒乓球一關。用吸管傳橡皮筋一關。最後由大仁那隊紅對獲勝，雖然加了五秒，但還是以 6 分鐘完勝。我們黃隊花了9分鐘獲最後一名。大仁又準備了30件禮物讓大家抽獎，爆笑聲不斷。賽後，到臺電勵進餐廳吃酸菜白肉鍋，此處要訂不易，感謝團長的推薦。餐廳內羊肉、豬肉、牛肉、蔥油餅、冬粉、豆腐、青菜等，不錯吃。遠道而來的有香港的歐弟，屏東的志鴻賢伉儷，臺南的浩瑄，臺中的培宇，還有尼克等等。大家的熱情令人感動。幹部：國順、小包、品萱以及團長此次籌劃的非常成功。紀念品亂跑專屬環保盃很有特色。獎品亂跑環保瓶更是稀有，只有獲獎紅隊獲得。攝影師思縈、盟宗，為活動攝影，留下美好紀錄，真的很重要。貴賓黑小銘也蒞臨進餐廳共襄盛舉，祝賀亂跑團生日快樂。

（20170610 田野日誌：亂跑團團慶）

這是亂跑團成立第四年的團慶，大家遠道而來慶祝，真的不容易。如今，臺南的浩瑄、攝影師思縈，皆已離我們而去。世事無常，只能珍惜當下的情誼。後續幾年，本團團長與幾位跑友，每年都會到台南浩瑄家去看看他的爸爸與媽媽，真是令人感動。

二、生死有命，看破放下

今天舒跑賽事，跑友大仁未依約前來，詢問其他跑友，原來昨日跑友的跑山意外，讓他內心非常難過，因此缺席了今天的賽事。

> 今天跑起來有點傷感，昨日的野獸山徑越野賽，大好人壓哥，不幸過世。臉書滿滿的哀悼與不捨，這場賽事讓他失去了生命，天呀！他也是亂跑團成員啊！大副盃歡樂馬拉松，還在最後 2 公里補給我一罐黑咖啡的壓哥啊！真是令人心痛。44 歲，失去了生命，小孩還那麼小，群組上已有團員開始有些想法，不過要看最後的決定了！晚上收到訊息，壓哥的夫人需要協助，募款已開始啟動，團內成員是有人情味的。（20180513 田野日誌：第 16 屆舒跑盃）

這件意外事件上了新聞媒體，也許各界有許多不同的看

法；但是在馬場上認識他的跑友都知道他是一位非常熱心的一位跑者。大部分時間，他都很樂於當一位志工服務眾跑友，尤其是他烤的香腸，每次在補給站內，都是一掃而空。5月 23 日的告別式會場，滿滿的各個跑團代表與跑友前來送別，場面哀戚隆重。2018 年 10 月分的 U-Lay 馬拉松，主辦人邵老師，也為了紀念他，設置了懷念他的照片看板與人形立牌，感謝他平常對馬拉松賽事的熱心協助。

另一位則是曾任國庫署副署長的「斗笠翁」湯明輝先生，2020 年 12 月 6 日，參加自主馬拉松訓練時，不慎當場失去心跳過世。發現時，已經來不及搶救。民國 40 年 7 月 20 日生，將近 70 歲。消息傳開，又是讓人不捨。筆者，在馬場上常常跟他討教，他的速度從頭到尾都是非常平均，所以，筆者在最後的五到八公里處，已經跑不動，或用走的時候，往往已經跟不上他的步伐。他那種左右搖擺帶動腳步的方式，步頻快、步幅小的技巧，是每日練習 20 公里來的毅力與決心。

綜上，生命的意義是什麼？我們在追尋什麼？面對大自然，保持敬畏之心；面對自己，勇於挑戰，勇於自我超越，也許留下的是許多人的不捨，但是心中的信念與內在價值，只有自己知道，留在每位跑者的心中。其次，賽事的創辦，對跑友而言是何等的重要，凝聚人心，創造歷史，大家都是活菩薩。

柒、追尋能讓自我平靜的路跑賽事

　　一場好的路跑賽事，靠得是主辦單位的用心，若能夠持續維持高人氣，則每年的報名人數必定場場爆滿，而且也能吸引國外的跑者一同參與。但是，跑久了以後真的這麼認為嗎？

一、可惜的鄉村音樂好特色

　　2013 年 12 月 22 日，第一屆集集鄉村音樂馬拉松，剛好在台灣馬拉松盛行的時候開辦，第一年全馬報名人數 1164 人，得到不錯的評價。[19]2014 年 12 月 28 日筆者參加半程馬拉松，詳細記錄觀察，親身體驗。

> 從一開始，我就特別以管理的視野來探索這場集集音樂馬拉松嘉年華的優點。發現：他們真的非常用心。每一公里處，都設有心靈小語來激勵您，感動您。因此，給我相當大的啟發。此外，交管人員、裁判人員與警察的動員，真得相當的細心，在各個交通要道，都投入了相當多的人力與物力。用觀察員的心態來看這場路跑，收

---

[19] 筆者參照 2013 年完賽證明上所標示的人數做為依據。

穫反而特別多，也許是行政工作做久了，知道辦活動的辛苦，我雖然是參賽者，但心態與目的不同，所得到的當然也不同。每位參賽者，他們都有不同的故事與目的。比如說：這場有慶祝百馬的大陣仗，高舉著大旗，揹著彩帶，一群跑友，陪著他，共同完成人生第 100 場百馬，這就是一種價值。多麼的不容易。張福仁，為了這天生日馬，打破自己的全馬 PB，這又是另一種價值。我們都是一群和自己賽跑的人（李宗盛的歌曲旋律又在此時在我腦海浮現）。（20141228 田野日誌-1：集集音樂馬拉松）

這一場，筆者只有跑半馬，所以能邊跑邊拍照，沿路都是音樂，正是要來感受這種溫度，經由跑友介紹，特別來體驗與享受。果然希望沒有落空。覺得能參加到這場的人都超級幸福。

由於是跑跑停停，並不覺得累，不斷的欣賞當地美景，隧道好美、濁水溪好美。從武昌宮出發，集集古窯、集集隧道、綠色隧道、陶藝園區、集集攔河堰，最後從產業運輸大道、小嶺隧道回來，再經過集集火車站周邊的熱鬧景點，真是棒透囉！音樂我就是要音樂，薩克斯風樂團的動人音樂，自彈自唱的歌手，可愛的原住民小朋友、踩高蹺的街頭藝人、大小孩鼓陣、吹長笛的樂手，在集集綠色隧道中展現了與大自然合而為一的情景，喜

愛運動與音樂的您，真是不能錯過呢？（20141228 田野
日誌-2 集集音樂馬拉松）

2014 年 12 月 28 日的全馬報名人數來到了 2194 人，半馬
也有 2056 人。獲得了極高的評價。2015 年 12 月 29 的全馬人
數爲 1406 人。2016 年 12 月 25 報名的全馬人數爲 1226 人。
2017 年筆者再度參與，全馬報名人數只剩 539 人。[20]

今天各地都有馬拉松，分散了一些人，亂跑團團員就拿
了不少獎金。20 位的變裝獎金，只發出 18 位。而我從
頭到尾裝扮的麋鹿沿路上的志工不少人找我拍照，真是
有趣喔！難怪變裝會上癮。（20171224 田野日誌-2：羅
布森集集音樂馬拉松）

馬拉松跑者跑久了，開始會慎選賽事。評價不錯的，沒
參與過的，朋友邀約的，或是有普查獎發放的場次。筆者參
加的原因是跑友邀約，一同歡度聖誕節。只是沒想到今年人
數變這麼少。沿路的音樂與熱度也與筆者 2014 參加第二屆差
很多。

這是今年最後一場馬拉松，沒想到算一算，今年共跑了
8 場全程馬拉松。本場次剛好是領取馬拉松普查獎的場

---

[20] 筆者參照 2014-2017 年完賽證明上所標示的人數做爲依據。

次，所以就報了名……一開始很順利，7 公里過後開始想大號，感覺是昨晚的麻辣鍋作祟，好不容易看到了補給站的廁所，但是人山人海，我等了一會，等不及了，趕緊衝到河邊隱密處解放，哇！好舒服，用旁邊的沙子掩埋，此後開始非常的順暢，一直到 25 公里才開始撞牆，走走停停，開始恢復，繼續跑，在 35 公里處又撞牆一次，估算時間，還來得及，於是走到剩最後一公里才開始跑起來，最後順利完賽。今天的補給，被眾多跑馬者開罵，沒吃的，沒喝的，音樂又縮水，揚言明年不來參加了。（20181230 田野日誌：羅布森集集音樂馬拉松）

這場是因為有馬拉松普查獎發放的場次，因此全馬報名人數來到了 1558 人。筆者要領 10 馬獎的獎座，所以再度報名。馬拉松普查獎一年發放兩次，分為春季與秋季，想要領取 10 馬、30 馬、60 馬、100 馬、200 馬、300 馬、500 馬的跑友，報名這場次並下場跑，便能領取台灣百回馬拉松協會所頒贈的獎座。獎座的大小會依照馬數愈來愈大。從今年跑友的反應，筆者已預知明年的慘狀。

我很少一個地方，參加過四次的馬拉松。今天第四次參加，看到了集集（音樂）馬拉松的危機。全馬人數，完賽證明所記載的全馬總人數，只剩下 469 人了。2018 年有 1558 人啊！今年第 7 屆了！把音樂美好的元素拿掉

了！集集綠色隧道跑起來，缺少了人味與熱鬧味，那麼，這還是集集馬嗎？雖然，今年補給有力圖振作；但是明年我還會來參加嗎？品牌的建立，得之不易，毀掉只要一次就夠。以現今跑馬者如此挑剔與嚴厲批判的程度，怎能不慎哉呢？只設置一些相關音樂看板，就是音樂馬拉松嗎？還好一位前輩的話語，點醒了我，他說，內心的寧靜，方能處變不驚；想法簡單，才能逍遙自在，找回跑馬的初衷吧！（20191222 田野日誌：羅布森集集音樂馬拉松）

　　這位前輩的話語，有如暮鼓晨鐘，發人深省。羅布森集集音樂馬拉松由盛而衰的景象，就好比快速人生的走馬燈跑過一遍。筆者在跑的當下，就有很多跑友聊著，明年應該不會辦了。無論是否疫情關係，2020 年果然是停辦的。跑友的評價絕對是無情的，從報名的數字與當天的氛圍就可以了然於心。人生如夢，當下用心，還要當下珍惜。筆者大大小小的賽事也經歷過 100 場了，熱鬧嘉年華馬拉松的追尋已非當初的原始目的。開始尋找的是能夠穩定與有經驗主辦單位的賽事，沒有特別的花招，卻有潔淨心靈的景色、用心的規劃與執行力，心境決定處境，是筆者自身一項很大的轉變。「不執著，是已經歷過執著的過程。放下之後並不表示沒有想法，只不過已經提昇到另一個層次。」[21]這就是筆者當下的

---

21 聖嚴法師，《找回自己》，62。

心境。

二、平淡才是人生的真滋味？

　　無味之味乃味之極味。要參透這個道理，還必須要有一點人生歷練。絢麗光彩的人生，最終都是要回歸於平淡，人生永遠不可能在顛峰的狀態，回頭去看，當下積極努力的人生，也許是日後更無限的回憶，也最耐人尋味。

> 會參加這場路跑，緣起於元旦曙光馬拉松，在慶功宴當下，大仁介紹這一場。仔細研究，嗯！不錯！新路線，就手殘按下去，報名成功。隨著時間的到來，開始傷腦筋，一個人要怎麼流浪到蘇澳。最後，找啊找啊！找到一間背包客棧，趕緊訂下，以避免開夜車之精神不濟。可是，今天桃園雨好大，真想放棄；但已訂了房間，就冒雨出門吧！開在高速公路上，能見度非常低，開得驚心膽顫，前後霧燈都打開了。還好，一出雪隧，天氣真棒，真是天壤之別。蘇澳小鎮的寧靜有別於礁溪的喧鬧，蠻不錯的。CHECK IN後，到綺麗觀光園區看看路跑會場，再返回住宿處，途徑一處麵包店，買了幾個傳統麵包，度過一個人的選手之夜。（20210306 田野日誌：第八屆牙醫盃龜山朝日馬拉松）

參加路跑的賽事過程中，有伴的話是件幸福的事，但也因為從事路跑運動，正是因為不會受到各方限制，穿起跑鞋，就可跑出戶外從事自己的運動，一切依照自己的時間，不受羈絆，這是路跑運動的獨特之處。所以在賽場中，常常可以看到許多孤獨的身影，孤軍奮戰，有些跑者的確會享受這種孤寂。進入賽道後，浸淫在自我世界與自己對話。身體外，則是鬧哄哄的運動世界，其實落差蠻大的。因應而生的各式跑團，可以說解決了上述問題，但是最終不會適用於每一個人，大多數人仍是享受一個人的孤寂，但是內心卻很充實。

　　詩名：龜山朝日

寧靜的蘇澳
因為路跑賽　劃破了寂靜
沒有酒精的海尼根啤酒　我喝了一手
只因　大會怕我跑太快

浪漫的沙灘　想起戀愛的畫面
可惜愛人不在身邊
找一位工作人員替代

靜謐的冬山河　其實很忙
河中划槳訓練　SUP 練習

河的兩岸　馬拉松跑者來亂

跑完馬拉松
換車子跑
衝出雪隧的瞬間
車子得到了釋放

海邊　河邊　田邊
邊邊相連　大口呼吸新鮮空氣
這次的馬拉松
真是不虛此行

（20210307 田野日誌：第八屆牙醫盃龜山朝日馬拉松）

　　跑完這場馬拉松後，筆者詩興大發，寫下了當下的感動。自詡為運動人文的研究者，情感充沛，隨時觀察與記錄。想要建立自己的寫作風格與慣例。學習民族誌文本中存在的主要修辭或言說的形式。這些修辭包括：隱喻、提喻（synecdoche）、轉喻、諷諭、老生常談。[22]「當你追求真理

---

[22] 轉引自格雷（Ann Gray）著，《文化研究：民族誌方法與生活文化（Research Pracice for Culture Studies: Ethnographic Methods and Lived Culture）》（許夢云譯）（新北市：韋伯文化國際，2008），275-278。提喻是指以「部分」來代表「整體」，主要是使用一些範例去擴及較廣泛的議題。轉喻則是研究者收集故事資料，重新運用於社會學或人類學的敘事中。詳見本書第九章〈書寫〉。

之後，又能將所追求的放下，而不執著追求一個非如何不可的真理，那才是真正的自由！」[23]這就是平凡與平淡的真滋味。

捌、結論

　　42.195 公里自我民族誌（2017-2021）是筆者花了四年的時間進入全程馬拉松田野地所完成的書寫。透過筆者的田野日誌，不斷思索，提煉出一些觀點、現象、人生省思；經由親身實踐，記錄、反思自我、品味回想。若當初未能堅持不懈，就沒有今日的呈現。

　　無論是日記、札記與日誌，都可以幫助個人確立自己努力與奮鬥的人生目標，表達「自我發現」（self-discovery）。這些元素，都包含了現象學上有價值的人類經驗的反思內容。[24]筆者的經驗分享，希冀能帶給在這個時代，這個世代，這項運動的一些啟發。

---

[23] 聖嚴法師，《找回自己》，62。
[24] 范梅南（Max Van Manen）著，《探究生活經驗：建立敏思行動教育學的人文科學（Researching lived experience: human science for an action sensitive pedagogy）》（高淑清等譯）（嘉義市：濤石文化，2004），87。

一、解除心中的魔咒，跨出第一步

　　要挑戰全馬，筆者也是掙扎了將近二年半的時光，深怕自己無法完成。所以累積了將近 20 場路跑，才勇於挑戰。挑戰的過程雖然痛苦，但終究體悟到身體的極限。因此，常常鼓勵別人加入路跑的行列，最常聽到的一句話就是「我不適合跑步」，「我跑不快」。筆者會試著請其先從健走開始，先行體驗、感受非得親自實踐的感覺。這篇文章的目的之一也是如此，穿起跑鞋，出門吧！

二、面對挫折，突破自我

　　路跑圈常有一句名言;「有練就有，沒練就沒有。」雖然是簡而易明的，但要實際付出行動並不容易。筆者後來尋尋覓覓找到問題的關鍵點，看到賽後相片的變化，怎麼愈跑愈胖，胃口愈來愈好，就像吹氣球一樣。之後，恍然大悟，趁著疫情爆發的空窗期，力行飲食調整，再逐步鍛鍊，終於，突破以前所認為不可能的全馬時間，自我超越的成就感油然而生。

三、英雄是將信念化為實際行動的結果

　　想要當英雄真的沒那麼簡單。除了前述兩點的面對自我與挑戰自我。信念的建立是首要功課。信念，會將你的想法化為實際的行動；信念，是支撐你繼續前進的動力。一百場的全程馬拉松完成，是要按部就班，或是亦步亦趨的逐夢踏實，都要靠堅定的信念。筆者未來的目標也是設定在此，期盼未來的三年能達到馬拉松英雄的境界，這是對自己的要求與期許，屆時能繼續書寫這些馬場上的動人故事。

四、不圓滿的人生才是真實

　　生死有命，富貴在天。從事路跑運動或是各項運動，首先安全當然是最重要的一件事。必須衡量當天自身的狀態，做出最好的決定。但是，為什麼稱為「意外」，就是意料中之外。「早知道」常常是事後論。所以，當我們遇到事情的時候，常會想到一句話：「處理它、面對它、放下它。」甚至，還有一種說法是：「所有的安排，就是最好的安排。」這些都是一種轉念的方式。不捨，是最正常不過的一件事了，也許，時間是最好的解藥。

五、追尋能讓自我平靜的路跑賽事

　　認眞看待每一場所報名的馬拉松，設定出今天所要達成的目標。至於馬拉松賽事的行銷策略、手法等等，相信老馬必能識途。看著許多 60 歲以上的前輩在馬場奔馳，對於賽事補給的要求並不會很高的觀念，筆者深感敬佩。他們眞的是抱持著要活就要動的理念，廣結善緣，能跑就是幸福的想法，平平安安，感恩主辦團隊的努力，眞的跟很多年輕跑友的想法差異很大。因此，您對路跑的要求是什麼？自己的內心要很清楚。平淡自在，才是眞正的滋味啊！

　　綜上，成功的人找機會，失敗的人找藉口。把自己內心的那道過不去的坎解決，別人無法幫助您，只有自己。其次，當踏出了第一步，過程中受到磨難，對症下藥，找出自己認可的方法，多聽、多看、多學，找到能夠激勵自己也能鼓勵他人的正念，化成實際行動，一步一腳印；若還不能成功，要轉念看待人生，因爲每個人最後的結果不必然一定相同，這就是眞實的人生。最後，讓自己放下，追求內在自我的平靜，才是眞正的自由。

引用文獻

文多斌、徐元民，〈國際上運動人類學門的發展〉，《臺灣體育學術研究》，5（桃園，2014.12）：11-22。

拉波特（Nigel Rapport）、奧弗林（Joanna Overing）著，《社會文化人類學的關鍵概念（Social and Culture Anthropological）》（鮑雯妍、張亞輝譯），北京：華夏，2009。

林開世，〈什麼是「人類學的田野工作」？知識情境與倫理立場的反省〉，《考古人類學刊》，84（台北，2016.06）：77-110。

范梅南（Max Van Manen）著，《探究生活經驗：建立敏思行動教育學的人文科學（Researching lived experience: human science for an action sensitive pedagogy）》（高淑清等譯），嘉義市：濤石文化，2004。

高丙中，〈民族誌發展的三個時代〉，《廣西民族學院學報（哲學社會科學版）》，28.3（廣西，2006.05）：58-63。

格雷（Ann Gray）著，《文化研究：民族誌方法與生活文化（Research Practice for Culture Studies: Ethnographic Methods and Lived Culture）》（許夢云譯），新北市：韋伯文化國際，2008。

徐新建，〈人類學方法：采風、觀察？還是生命內省？〉，《蘭州大學學報（社會科學版）》，5（蘭州，2016）：94。

徐新建，〈自我民族誌：整體人類學的路徑反思〉，《民族研究》，5（北京，2018）：68-77。

麥杜格（Christopher McDougall）著，《天生就會跑》（王亦穹譯），台北縣：木馬文化事業有限公司，2010。

彭兆榮，〈民族誌視野中「真實性」的多種樣態〉，《中國社會科學》，2（北京，2006）：125-138。

聖嚴法師，《找回自己》，台北市：法鼓文化事業有限公司，2005。

蔣逸民，〈自我民族志：質性研究方法的新探索〉，《浙江社會科學》，4（杭州，2011.04）：11-18。

Fabian, Johannes, *Time & The other: How anthropology makes its object*, New York: Colombia University Press, 2014.

Hemery, David, *Sporting Excellence: What Makes a Champion?*, London: Collins Willow, 1991.

Ornter, Sherry B., "Theory in Anthropology since the sixties" *Comparative studies in society and history, 26.1*(Cambridge, January 1984): 126-166.

Reed-Danahay, Deborach, *Auto-ethnography: Rewriting the self and the social*, New York: Berg, 1997.

Tami Spry, "Performing Autoethnography: An Embodied
Methodological Praxis." *Qualitative Inquiry,*
7.6(California, December 2001): 706–732.

附件一

全程馬拉松一覽表

序列	日期	馬拉松名稱	成績	備註
01	2015/04/12	2015 鳳凰谷馬拉松	07:46:15	
02	2015/12/12	2015 世外桃園馬拉松	07:09:24	
03	2016/12/04	2016 新竹城市馬拉松	06:03:55	
04	2017/01/08	2017 鎮西堡超級馬拉松	09:46:25	
05	2017/03/05	2017 高美濕地馬拉松賽	06:16:51	
06	2017/10/01	U-Lay 42 Marathon 2017	07:55:01	
07	2017/11/05	2017 遠東新世紀馬拉松	06:18:46	
08	2017/11/18	2017 寶二慈善環保馬拉松	07:07:33	
09	2017/12/24	2017 羅布森集集音樂馬拉松	06:01:40	
10	2018/03/11	2018 埔里山城派對馬拉松	06:52:06	第 10 馬

11	2018/03/18	2018 第七屆北大超馬超級馬拉松	08:00:00	
12	2018/04/14	2018 濁水溪 100K 超馬暨木棉花黃昏馬拉松賽	08:52:03	
13	2018/04/22	2018 大副盃歡樂馬拉松	08:14:32	
14	2018/10/14	2018 第六屆牙醫師明德水庫馬拉松	06:47:55	
15	2018/11/03	2018 遠東新世紀馬拉松	06:27:51	
16	2018/12/16	2018 通霄濱海追風馬拉松	06:46:54	
17	2018/12/30	2018 羅布森集集音樂馬拉松	06:21:59	
18	2019/01/12	2019 陽明山超級馬拉松	07:46:58	
19	2019/02/24	2019 台中世界花博馬拉松	06:26:36	
20	2019/03/31	2019 海風馬拉松	06:21:26	
21	2019/04/13	2019 防癌宣導公益馬拉松	06:53:37	
22	2019/09/01	2019 榮耀九三路跑嘉年華	07:47:24	
23	2019/09/29	2019 心享柿成~變裝趴歡樂馬拉松	07:26:10	

24	2019/10/06	2019 U-Lay 42 Marathon	07:43:57	
25	2019/10/20	2019 新竹湖口老街馬拉松	07:17:30	
26	2019/11/10	2019 板橋馬拉松	06:33:37	開始穿著五指襪
27	2019/12/01	2019 虎尾全國馬拉松-烤雞馬	06:58:21	
28	2019/12/22	2019 羅布森集集馬拉松	06:44:32	
29	2020/01/01	2020 7th 長堤曙光元旦馬拉松	06:41:56	
30	2020/09/12	2020「榮耀九三 向國軍致敬」路跑嘉年華	07:28:05	第 30 馬
31	2020/11/21	母子鱷魚首屆國際 Y 拖馬拉松-臺北場	06:49:29	
32	2020/12/05	2020 礁溪溫泉馬拉松	06:23:08	
33	2021/01/01	2021 8th 長堤曙光元旦馬拉松	05:32:49	PB
34	2021/03/07	第八屆牙醫盃龜山朝日馬拉松	06:03:16	

資料來源：跑者廣場－馬拉松普查網，〈文多斌〉，〈http://www.taipeimarathon.org.tw/survey/grade_detail.aspx?id=22985〉，2021.8.11 檢索。

附件二

八週 168 飲食調節計畫 實施記錄

週次	時間	體重測量	文字記錄	備註
一	2020/ 0229-0307	93.0-92.9	最近開始了一項人體實驗計畫。此項計畫，主持人是小弟我，無科技部經費贊助，無助理。參與成員只有在下自己。目前已實施一星期，此計畫為晚間18:00後，不再進食。間隔16小時開始進食，8小時內進食完二餐，故名168。第一週成效：還看不出來，但最大的立即成果是-個人的晚餐費是省下來了。至於有沒有變帥，再說了，哈哈哈哈哈！	
二	2020/ 0307-0314	92.9-92.7	人體實驗計畫進入第二週，這週小成果開始顯現，特別是早晨起床的體重，令人非常滿意。相信第三週應該會更能隨心所欲。這名為爸爸晚上回家不吃晚餐的計畫，期待有心的您加入喔！晚上沒有	

			油膩膩，精神特好。	
三	2020/ 0314-0321	92.7-92.3	人體實驗計畫第三週已完成。在下午跑完 6 公里後，依然不會覺得飢腸轆轆，代表身體的密碼已經適應。雖然跑完後體重與清晨相較起來差沒多少；但是，感覺愈來愈棒。	
四	2020/ 0321-0328	92.3-91.3	人體實驗計畫第四週已經完成。這星期許多看到多斌的人，都給予小弟相當大的鼓勵。真是感謝大家。包括：臉變小了，有腰線了，肚子變小了，側腰肉減少了。體重的減輕是很緩慢的，我主要是在測試燃燒我多餘的脂肪，透過晚上六點後不再進食的方式（當然，有時會犯規），將身體內多餘的脂肪，能夠燃燒。如果可以的話，進步到一天一餐。但本次計畫實驗時間目前是規劃為八週。後續再進行調整。	
五	2020/ 0328-0404	91.3-90.3	人體實驗計畫第五週完成。一些西裝褲已經穿得下去，令人驚喜。我想這是最好的證明，不需要解	

			釋。美娟一直問我瘦幾公斤，我說這不重要，重要的是要燃燒脂肪啊！哈哈哈哈哈！這週進一步發現，我的食量變小了！一碗麵竟然一次吃不完，靜待後續觀察下去。	
六	2020/ 0404-0411	90.3-88.9	人體實驗計畫第六週完成了！本週有驚人的進展。突破了一個重要的關卡。相信下一週應該會有持續的進步。特別是這週星期三晚上發生的三根鴨翅八萬元的故事，日後應該吃的更少了。意外總是無所不在，懂得人不要笑太大聲喔！	
七	2020/ 0411-0418	88.9-88.4	人體實驗計畫第七週完成。昨晚刻意中午進食完學校營養午餐就不吃了，而且星期五是蔬食日。晚上完全不餓，小女兒晚上不在家，美娟晚上也就不煮不吃了。結果她今早一起來，說，好餓啊！吵著我要帶她去吃豐盛的早餐。我說還好啊！我想吃我的水煮蛋耶！拗不過她的要求，只好去八德名店，He said 大快朵頤一	突破重要關卡

| | | | 番。吃完順道去一處祕境散步，發現一整片蒲公英，真是棒啊！當然，早上的體重又破了更輕的紀錄，下午的自行車踩踏起來，怎麼這麼輕鬆，看來又可找發明飆車了！

從此七週來看身體感的過程，發現，現代人真的吃太多，吃太好了！透過調整與適應，身體會慢慢的適應。如何調整食慾與心慾，也就是心與物的調和，聖嚴法師有很棒的看法：「儒家，道家和佛教對於心的看法雖有不同，可是他們的出發點都是希望轉變人的氣質，超越物性與人性的對立，這種超凡入聖的過程，佛家稱為解脫，道家稱為回歸自然，儒家叫做成聖成仁，由此看來，各家對心的重視是相同的。」但是，要離此境界，還遠的很呢？因為，那就入土為安了XD。 | |
| 八 | 2020/
0418-0425 | 88.4-88.1 | 第八週完成。早上喝完咖啡，上完「大號」後，從88.3 降到 88.1。這週的體 | |

| | | | 重波動比較不大，大約維持在 88.1-88.9 之間，控制的不錯，約略知道，若稍爲不忌口，或不挑食物，就會體重上升。本次八週實驗，並未搭配運動，所以很純粹是體飲食的控制。也許下一步的輕斷食，必須正式開始，並搭配運動，成績才會更進步；但也很怕加上運動後，飢餓的控制要更有毅力。這八週，首先適應 18：00 前，吃完晚餐，並控制量。下次實驗，再行調整。 | |

說明：八週以後，筆者就沒有詳細的筆記。最後的筆記記錄是 2020/0707，體重測量爲 86.8 公斤。

國家圖書館出版品預行編目資料

做自己的英雄：路跑民族誌三部曲／文多斌著.
--初版.--臺中市：白象文化事業有限公司，2022.3
　　面；　公分
　ISBN 978-626-7056-90-5（平裝）

1.賽跑 2.運動 3.人類學
528.946　　　　　　　　　　110020851

做自己的英雄：路跑民族誌三部曲

作　　　者　文多斌
校　　　對　文多斌
發 行 人　張輝潭
出版發行　白象文化事業有限公司
　　　　　　412台中市大里區科技路1號8樓之2（台中軟體園區）
　　　　　　出版專線：（04）2496-5995　　傳真：（04）2496-9901
　　　　　　401台中市東區和平街228巷44號（經銷部）
　　　　　　購書專線：（04）2220-8589　　傳真：（04）2220-8505
專案主編　黃麗穎
出版編印　林榮威、陳逸儒、黃麗穎、水邊、陳媁婷、李婕
設計創意　張禮南、何佳諠
經紀企劃　張輝潭、徐錦淳、廖書湘
經銷推廣　李莉吟、莊博亞、劉育姍、李佩諭
行銷宣傳　黃姿虹、沈若瑜
營運管理　林金郎、曾千熏
印　　　刷　百通科技股份有限公司
初版一刷　2022 年 3 月
初版二刷　2022 年 3 月
定　　　價　300 元

白象文化　印書小舖 PRESS STORE　出版 · 經銷 · 宣傳 · 設計
www·ElephantWhite·com·tw　自費出版的領導者　購書 白象文化生活館